Ann M. Martin

LE CLUB DES BABY-SITTERS

Le secret de Lucy

UNE BANDE DESSINÉE DE

RAINA TELGEMEIER

TRADUIT DE L'ANGLAIS (AMÉRICAIN)
PAR ANNE DELCOURT

GALLIMARD JEUNESSE

Kristy Parker
Présidente

Claudia Koshi
Vice-présidente

Mary Anne Cook
Secrétaire

Lucy MacDouglas
Trésorière

Chapitre 1

C'ÉTAIT LA RÉUNION DU VENDREDI DE NOTRE CLUB DES BABY-SITTERS, ET KRISTY NOUS A RAPPELÉES À L'ORDRE.
EN TANT QUE PRÉSIDENTE DU CLUB DES BABY-SITTERS...
... JE PROPOSE PAR LA PRÉSENTE QUE NOUS DÉCIDIONS DE LA MARCHE À SUIVRE QUAND MME NEWTON IRA À LA MATERNITÉ POUR ACCOUCHER.
COMMENT ÇA ?
À CE MOMENT-LÀ, M. ET MME NEWTON AURONT BESOIN DE QUELQU'UN POUR S'OCCUPER DE SIMON. SI ON EST FUTÉES, ON DEVRAIT SE PRÉPARER.
JE TROUVE QUE C'EST UNE BONNE IDÉE, KRISTY.

À PARTIR DE MAINTENANT, ON DEVRAIT SE RELAYER POUR AVOIR TOUJOURS UN APRÈS-MIDI LIBRE, ET QUE MME NEWTON SOIT SÛRE D'AVOIR QUELQU'UN.
JE TROUVE QUE C'EST DU GÂCHIS... LES BÉBÉS, ÇA PEUT ARRIVER EN RETARD. D'UNE *SEMAINE*, MÊME, DES FOIS.
CLAUDIA A RAISON... ÇA RISQUE DE NOUS FAIRE PERDRE DES TAS D'APRÈS-MIDI POUR RIEN.
POP
JE M'APPELLE LUCY MACDOUGLAS.
JE VIENS D'EMMÉNAGER DANS CE PETIT PATELIN DE STONEBROOK, CONNECTICUT. CE QUI M'A FAIT UN CHOC, PUISQUE QUE J'AI GRANDI À...

... NEW YORK !
ATLAS
LIFE
INSURANCE
TAMTUNG
FOR WHEN NEW YORKERS
FEEL LIKE DRIVING
TIME FO
A CHANG
CALL FOR
TICKETS
SHO
Theat
Tick

J'ADORAIS NEW YORK. J'AVAIS PLEIN D'AMIES ET D'ACTIVITÉS.
TOUT ÉTAIT GÉNIAL, JUSQU'À L'AN DERNIER.
ÇA VA, LUCY ?
JE... TRÈS BIEN.
MAIS ÇA N'ALLAIT PAS.
PLOUF !

ORK CITY
OSPITAL
ULANCE
EMT
EMERGENCY DIAL 911
ARKER
ADEMY
K-8
EST. 1958
LUCY EST DIABÉTIQUE.
QUOI ?! OH, NON, PAS MA PETITE PUCE !
CE N'EST PAS AUSSI TERRIBLE QU'ON LE CROIT. AVEC LE BON TRAITEMENT, ELLE PEUT MENER UNE VIE NORMALE.
LE DIABÈTE VIENT D'UN MAUVAIS FONCTIONNEMENT D'UNE GLANDE QUI S'APPELLE LE PANCRÉAS.
LE PANCRÉAS PRODUIT DE *L'INSULINE,* QUI EST UNE HORMONE. L'INSULINE PERMET À TON CORPS DE TRAITER LE SUCRE QUI PROVIENT DES ALIMENTS, POUR TE DONNER DE LA CHALEUR ET DE L'ÉNERGIE.
QUAND LE PANCRÉAS NE PRODUIT PAS *ASSEZ* D'INSULINE POUR FAIRE LE BOULOT, LE GLUCOSE QUI VIENT DU SUCRE S'AMASSE DANS LE SANG ET TE REND MALADE.

MAIS AVEC UN RÉGIME SAIN ET DES PIQÛRES D'INSULINE TOUS LES JOURS...
QUOI ?!
VOILÀ COMMENT JE ME SUIS RETROUVÉE À APPRENDRE À ME FAIRE DES PIQÛRES D'INSULINE. ET JE ME SUIS VITE SENTIE BEAUCOUP MIEUX.
DOCTEUR, VOUS ÊTES SÛR QU'ELLE PEUT SE DÉBROUILLER TOUTE SEULE ?
M'MAN !!
ET, DU JOUR AU LENDEMAIN, MES PARENTS SONT DEVENUS DES PARENTS SURPROTECTEURS.
TU CONTINUES À PERDRE DU POIDS, CHÉRIE.
JE ME DEMANDE SI TU MANGES ASSEZ. JE NE SUIS PAS SÛRE QUE CE NOUVEAU RÉGIME TE CONVIENNE.
régime pour diabétiques
calories
sucre
J'AI PRIS UN RENDEZ-VOUS MARDI AVEC UN AUTRE MÉDECIN, POUR VOIR SI...
M'MAN !!
MAIS CE N'ÉTAIT PAS LE PIRE.
LAINE ! JE SUIS CONTENTE DE TE VOIR ! QUOI DE NEUF À L'ÉCOLE ? J'AVAIS PEUR DE...
HEU, FAUT QUE JE FILE, LUCY... À PLUS.

MA MEILLEURE AMIE LAINE NE VOULAIT PLUS ME PARLER. ELLE N'A MÊME PAS ESSAYÉ DE SAVOIR CE QUI N'ALLAIT PAS... ELLE AVAIT PEUT-ÊTRE PEUR DE MOI ?
ALLÔ, MME CUMMINGS... ICI LUCY. LAINE EST LÀ ?
Non!
JE REGRETTE, LUCY... ELLE NE PEUT PAS RÉPONDRE AU TÉLÉPHONE, LÀ.
COMME LAINE ÉTAIT UN PEU LE CHEF DE LA BANDE, LES AUTRES ONT PLUS OU MOINS SUIVI SON EXEMPLE. J'ÉTAIS PRESQUE TOUJOURS TOUTE SEULE.
JE NE ME SENTAIS PLUS CHEZ MOI.
ALORS, QUAND MES PARENTS M'ONT ANNONCÉ QU'ON PARTAIT...
... ÇA NE M'A FAIT NI CHAUD NI FROID.

JE NE ME SUIS PAS FAIT UNE SEULE AMIE ICI, À STONEBROOK, JUSQU'À MA RENCONTRE AVEC CLAUDIA. ET PUIS ELLE M'A PROPOSÉ DE DEVENIR MEMBRE DU CLUB DES BABY-SITTERS, ET LES CHOSES ONT COMMENCÉ À S'ARRANGER.
... ET POUR LA NUIT, ON PRÉVOIT QUOI ?

OUAIS, IL Y A *PLEIN* DE BÉBÉS QUI NAISSENT EN PLEINE NUIT...
DRING !

CLAUDIA, KRISTY ET MARY ANNE SONT VITE DEVENUES MES NOUVELLES MEILLEURES AMIES, ET NOTRE CLUB MARCHE À FOND ! ON FAIT DU BABY-SITTING PARTOUT DANS LE QUARTIER.
BAH, ON TROUVERA UNE IDÉE... QUI VEUT DES BONBONS ?
ICI LE CLUB DES BABY-SITTERS. LUCY À L'APPAREIL.

BONJOUR, DR JOHANSSEN !... LUNDI ? ON VOUS RAPPELLE TOUT DE SUITE.
ON POURRAIT APPELER MME NEWTON ET LUI DEMANDER SI...
CLAUDIA ! CLAUDIA !!

QU'EST-CE QU'IL Y A, JANE ?
REGARDE !
"L'AGENCE DES BABY-SITTERS" ?
BESOIN D'UNE BABY-SITTER FIABLE ?
EN URGENCE ?
ALORS APPELEZ :
L'AGENCE DES BABY-SITTERS
LIZ LEWIS : 555-1162- OU
MICHELLE PATTERSON : 555-7548
POUR CONTACTER TOUT UN RÉSEAU DE BABY-SITTERS SÉRIEUSES !
ÂGÉES DE 13 ANS OU PLUS
DISPONIBLES : APRÈS L'ÉCOLE
LE WEEK-END (JUSQU'À MINUIT)
LES SOIRS DE SEMAINE (JUSQU'À 23 H)
TARIFS INTÉRESSANTS !
DES ANNÉES D'EXPÉRIENCE !
LE MEILLEUR MOYEN DE GAGNER DU TEMPS !
APPELEZ-NOUS TOUT DE SUITE

MERCI, JANE.
JE T'EN PRIE.

ON EST CUITES.

Chapitre 2

QUELQUES MINUTES PLUS TARD...
LES AUTRES BABY-SITTERS SONT PLUS ÂGÉES QUE NOUS. ELLES PEUVENT RESTER PLUS TARD...
C'EST QUI, LIZ LEWIS ET MICHELLE PATTERSON ?

LE PROSPECTUS DIT QU'ELLES ONT "TREIZE ANS OU PLUS"... ELLES DOIVENT ÊTRE AU MOINS EN TROISIÈME... JE ME DEMANDE SI MON FRÈRE LES CONNAÎT.

NON, ELLES SONT EN QUATRIÈME À STONEBROOK.
CRISH

CE SONT DES AMIES À TOI, CLAUDIA ?

JE NE SERAIS JAMAIS AMIE AVEC DES FILLES COMME ÇA. UN REMONTANT ?

HEU, MON DIABÈTE... J'AI PAS LE DROIT.
AH OUI, EXCUSE-MOI, LUCY. KRISTY ?

C'EST PAS GRAVE.
QU'EST-CE QUE TU LEUR REPROCHES ?
ELLES FONT LES MALIGNES, ELLES RÉPONDENT AUX PROFS, ELLES TRAÎNENT AU CENTRE COMMERCIAL. VOUS VOYEZ LE *GENRE*...

ÇA NE FAIT PAS D'ELLES DE MAUVAISES BABY-SITTERS...
N'EMPÊCHE, ÇA M'ÉTONNERAIT.

JE ME DEMANDE COMMENT MARCHE L'AGENCE. IL N'Y A QUE DEUX NOMS LÀ-DESSUS, MAIS C'EST CENSÉ DONNER ACCÈS À "TOUT UN RÉSEAU DE BABY-SITTERS SÉRIEUSES".

LIZ ET MICHELLE SAVENT ACCROCHER LES CLIENTS. LEUR PROSPECTUS EST BIEN MEILLEUR QUE LE NÔTRE.

HÉ ! J'AI UNE IDÉE !

ON N'A QU'À LES APPELER ET DIRE QU'ON A BESOIN D'UNE BABY-SITTER. ENSUITE, ON RAPPELLE POUR ANNULER. ÇA NOUS AIDERA À VOIR COMMENT ELLES FONCTIONNENT.

PAS BÊTE ! J'INVENTE UN NOM ET JE DIS QUE JE DOIS FAIRE GARDER MON PETIT FRÈRE !

PRÊTES, LES CONCURRENTES ? LE CLUB DES BABY-SITTERS À L'ATTAQUE !

DRING...
DRING...

ALLÔ, LIZ ?
JE M'APPELLE, HEU, DEBBIE. DEBBIE GOODY. NON, C'EST PAS UNE BLAGUE...

J'AI VOTRE PROSPECTUS POUR L'AGENCE DES BABY-SITTERS. JE SUIS CENSÉE GARDER MON PETIT FRÈRE DEMAIN ET... HEU...

HEU, JE VIENS D'ÊTRE INVITÉE PAR UN GARÇON.
!

DE 3 H À 5 H. IL A SEPT ANS. C'EST *TOI* QUI VIENS LE GARDER ? HM HM... OH, JE VOIS...
glousse

hi hi hi
mmmfff!!!
JE SUIS AU 555-2321. MAIS JE PARS DANS DIX MINUTES. APRÈS, JE... J'AI UN AUTRE RENDEZ-VOUS... AVEC QUI ?

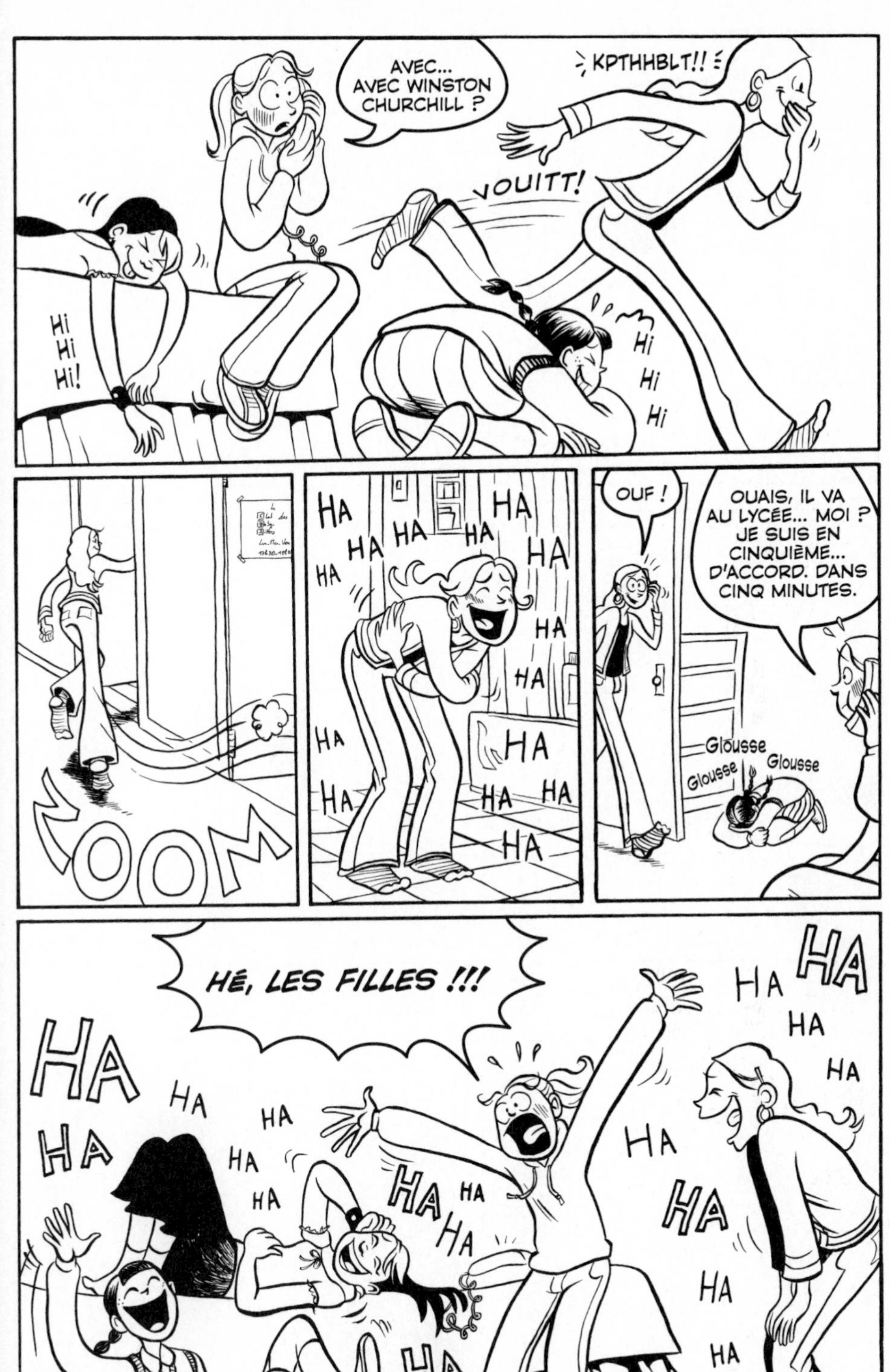
AVEC... AVEC WINSTON CHURCHILL ?
KPTHHBLT!!
VOUITT!
Hi Hi Hi!
Hi Hi Hi
ZOOM
HA HA HA HA HA HA HA HA HA HA HA HA HA HA HA HA
OUF !
OUAIS, IL VA AU LYCÉE... MOI ? JE SUIS EN CINQUIÈME... D'ACCORD. DANS CINQ MINUTES.
Glousse Glousse Glousse
HÉ, LES FILLES !!!
HA HA HA HA HA HA HA HA HA HA HA HA HA HA HA HA HA HA HA HA HA

NE FAITES PAS ÇA QUAND JE SUIS AU TÉLÉPHONE !
HA
HA
HEH...
WINSTON CHURCHILL, HEIN ?! LE GARÇON AVEC QUI TU SORS ?!
BON, ÇA VA... JE CROIS QUE JE SAIS COMMENT MARCHE L'AGENCE.
LIZ ET MICHELLE PRENNENT LES APPELS MAIS, APRÈS, ELLES SE CONTENTENT DE TROUVER DES BABY-SITTERS.
PAS ÉTONNANT QU'ELLES EN AIENT DES PLUS ÂGÉES. ELLES N'ONT QU'À DEMANDER À DES VIEILLES.
OUAIS, ON AURAIT PU Y PENSER AUSSI.
LIZ A EU L'AIR PLUS INTÉRESSÉE PAR MON RENCARD QUE PAR LA DEMANDE DE BABY-SITTER.
DRING!
ALLÔ, LE CLUB DES BA... ALLÔ ?
AH, SUPER. COMBIEN... ? WAHOU. ELLES ONT QUEL ÂGE ? C'EST VRAI ? D'ACCORD... PATRICIA ? OUI, MERCI. JE LA VERRAI DEMAIN À 3H... À TOUT'.

"À TOUT" ?
C'EST COMME ÇA QUE LIZ DIT AU REVOIR.
... ALORS ?
ELLE A TROUVÉ TROIS BABY-SITTERS DISPONIBLES. J'AVAIS LE CHOIX. DEUX DE TREIZE ANS ET UNE DE QUINZE. IL Y AVAIT MÊME UN GARÇON.
LES GENS VONT ADORER L'AGENCE. SÉRIEUX. ON N'A PAS LE MÊME ÉVENTAIL D'ÂGES QU'ELLES...
IL N'Y A PAS DE GARÇONS DANS NOTRE CLUB... ET ON NE PEUT MÊME PAS RESTER APRÈS 10 H. MÊME LE WEEK-END.
...

DÎNER DE LUCY

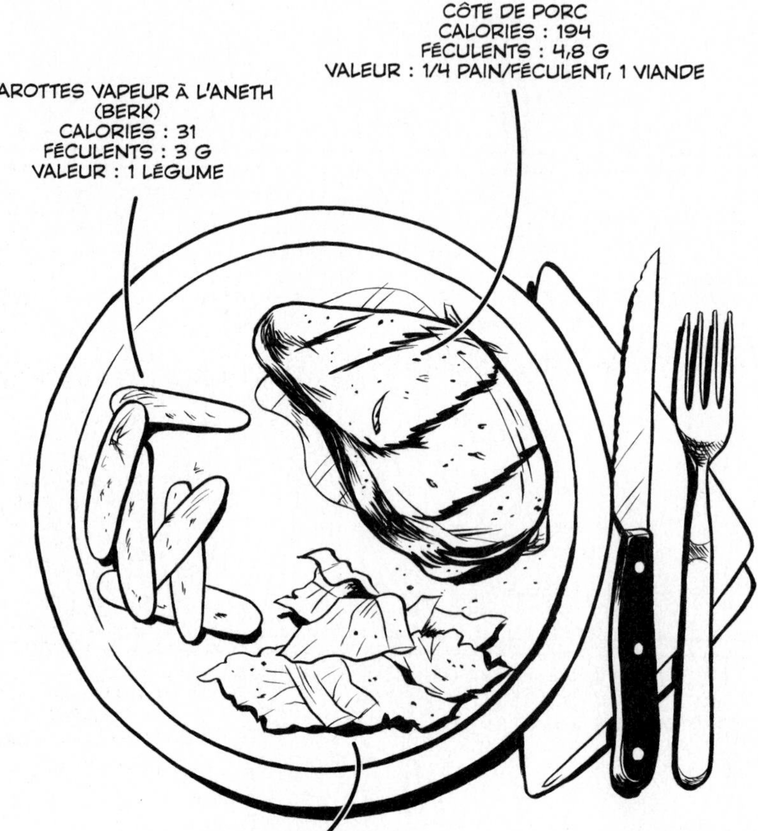

Chapitre 3

CE SOIR-LÀ...
TU TE SENS BIEN, CHÉRIE ? TU N'AS PRESQUE RIEN MANGÉ.
JE N'AI PAS TRÈS FAIM.
TON TAUX DE SUCRE EST ÉLEVÉ ?

J'ÉTAIS À 105 AVANT LE DÎNER, OK ?

TU CROIS QUE JE TIENS À ME RENDRE MALADE ?
NON... EXCUSE-MOI, CHÉRIE. C'EST JUSTE QUE...

TU AS PERDU PRESQUE 2 KG CE MOIS-CI, ET... TU ES *SÛRE* QUE ÇA VA ?
OUI. JE SUIS PEUT-ÊTRE PLUS ACTIVE DEPUIS QUE JE ME SUIS FAIT DES AMIES ICI. PEUT-ÊTRE QUE JE DEVRAIS MANGER PLUS.

MAIS TU VIENS DE DIRE QUE TU N'AVAIS PAS FAIM. J'APPELLE LE DOCTEUR LUNDI.
AU CAS OÙ.

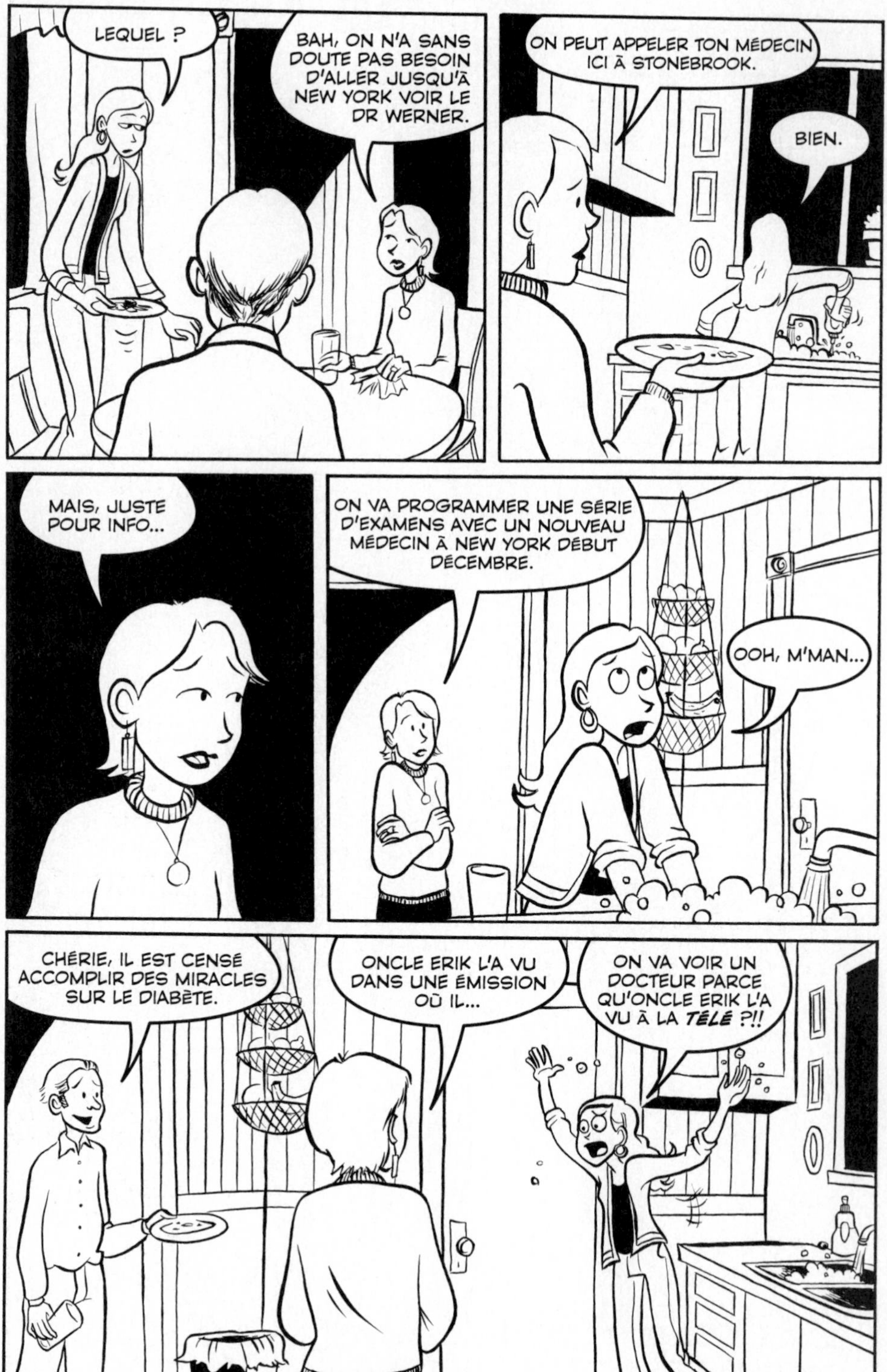

LEQUEL ?
BAH, ON N'A SANS DOUTE PAS BESOIN D'ALLER JUSQU'À NEW YORK VOIR LE DR WERNER.
ON PEUT APPELER TON MÉDECIN ICI À STONEBROOK.
BIEN.
MAIS, JUSTE POUR INFO...
ON VA PROGRAMMER UNE SÉRIE D'EXAMENS AVEC UN NOUVEAU MÉDECIN À NEW YORK DÉBUT DÉCEMBRE.
OOH, M'MAN...

MAIS J'AI AUSSI LU UN ARTICLE SUR LUI DANS UN MAGAZINE, ET ÇA A L'AIR D'ÊTRE UN CRACK.
MAIS POURQUOI, M'MAN ?!
POURQUOI JE DOIS VOIR UN AUTRE MÉDECIN ? ÇA FAIT UN AN QUE JE VOIS LE DR WERNER. J'AI LE DR FRANK, ICI, ET JE L'AIME BIEN.
LES SEULS TRAITEMENTS QUI EXISTENT POUR MOI, C'EST LE RÉGIME ET L'INSULINE...
ET C'EST DÉJÀ CE QU'ON FAIT.
TON PÈRE ET MOI, ON VEUT CE QU'IL Y A DE MIEUX POUR TOI.
ON *A* CE QU'IL Y A DE MIEUX !
ÇA NE PREND QUE TROIS JOURS.
TROIS JOURS ?! M'MAN, J'AI PRIS DU RETARD PENDANT TOUTE MA SIXIÈME, PENDANT QUE VOUS ME TRAÎNIEZ DE MÉDECIN EN MÉDECIN À LA RECHERCHE D'UN MIRACLE ! ET ÇA VA RECOMMENCER ??
JE N'AIME PAS BEAUCOUP CE TON, JEUNE FILLE.

SI ON FAIT ÇA, C'EST PARCE QU'ON T'AIME.
JE SAIS.

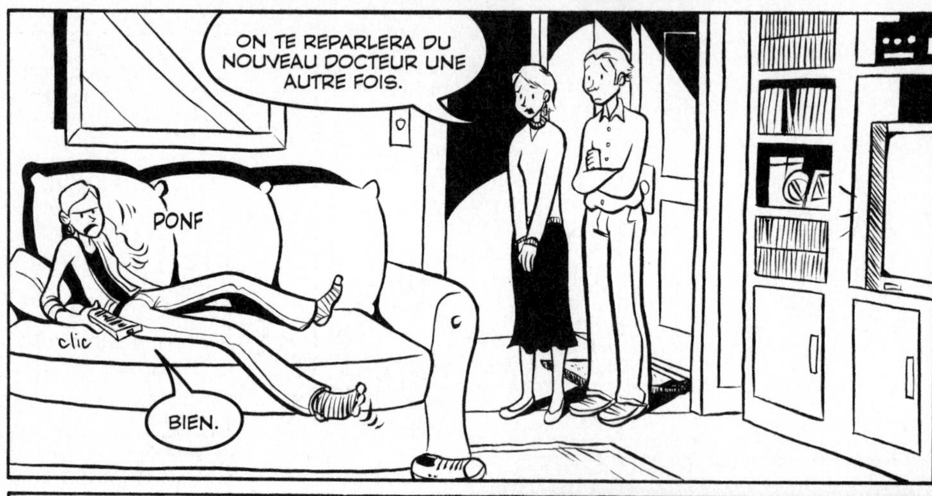
ON TE REPARLERA DU NOUVEAU DOCTEUR UNE AUTRE FOIS.
PONF
clic
BIEN.

KRISTY A CONVOQUÉ UNE RÉUNION D'URGENCE LE LENDEMAIN MATIN. ON S'EST RETROUVÉES DANS LA CHAMBRE DE CLAUDIA.
BON, J'AI DRESSÉ UNE LISTE DES MOYENS DE NOUS AMÉLIORER. COMME BABY-SITTERS ET POUR MIEUX SERVIR NOS CLIENTS.
NUMÉRO UN...
ON FERA LE MÉNAGE SANS SUPPLÉMENT.
OH, BERK.
DEUX : ON FAIT UN PRIX SPÉCIAL À NOS MEILLEURS CLIENTS.
NORMAL.
TROIS : ON PRÉPARE TOUTES UN COFFRE À JOUETS À EMPORTER À NOS BABY-SITTINGS.
UN QUOI ?
C'EST UNE AUTRE IDÉE QUE J'AI EUE. TU SAIS, QUAND ON AIME BIEN ALLER CHEZ DES AMIS PARCE QU'ON A TOUJOURS L'IMPRESSION QUE C'EST MIEUX QUE CHEZ NOUS ?
QUE LES REPAS, LES ACTIVITÉS... ET QUAND ON EST PETIT, LES *JOUETS* SONT MIEUX ?

OH OUAIS, À NEW YORK, J'AVAIS UNE AMIE QUI S'APPELAIT LAINE.
J'ADORAIS ALLER CHEZ ELLE, PARCE QUE SA MÈRE ACHETAIT DES MARS QU'ELLE METTAIT AU CONGÉLATEUR.
MORDRE LÀ-DEDANS, C'ÉTAIT COMME MORDRE DANS UN MILK-SHAKE CHOCO...
HM...
ÇA, C'ÉTAIT *AVANT* QUE JE SOIS MALADE. BREF, JE VOIS CE QUE TU VEUX DIRE.
OUAIS !

CHEZ KRISTY, C'ÉTAIT CHOUETTE À CAUSE DU CHIEN, ET DU CÔTÉ FAMILLE NOMBREUSE.
ET CHEZ CLAUDIA, PARCE QU'IL Y AVAIT PLEIN DE JEUX DE SOCIÉTÉ.
CE QU'ON AIME BIEN, EN FAIT, C'EST LE CHANGEMENT... DES CHOSES NOUVELLES, OU DIFFÉRENTES. ALORS, À CHAQUE BABY-SITTING, ON VA APPORTER DES TRUCS À NOUS...
... JUSTE POUR JOUER. ET LES GAMINS VOUDRONT QU'ON *REVIENNE*, PARCE QU'ON SERA DE VRAIS MAGASINS DE JOUETS AMBULANTS !

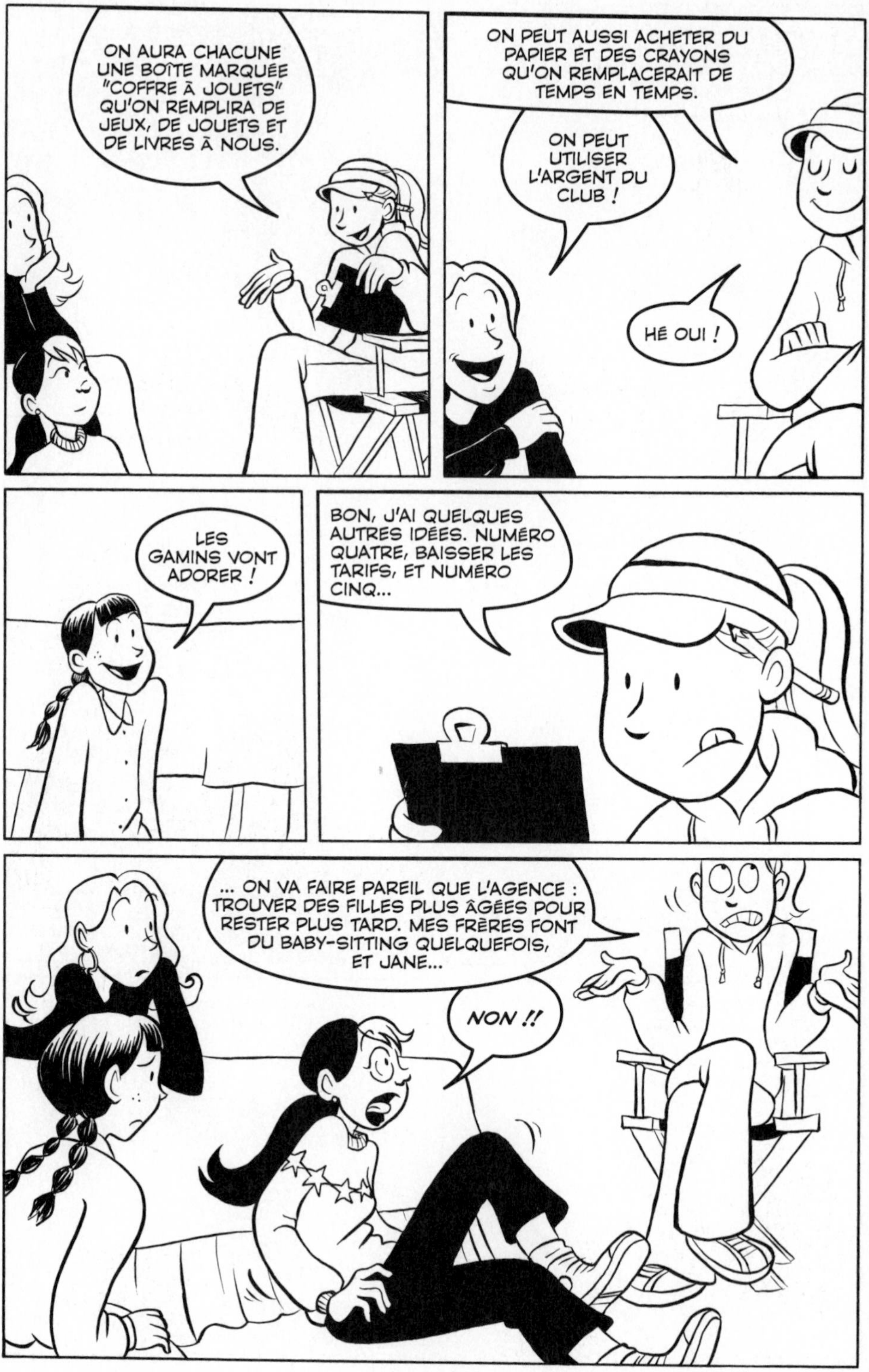

ON AURA CHACUNE UNE BOÎTE MARQUÉE "COFFRE À JOUETS" QU'ON REMPLIRA DE JEUX, DE JOUETS ET DE LIVRES À NOUS.

ON PEUT AUSSI ACHETER DU PAPIER ET DES CRAYONS QU'ON REMPLACERAIT DE TEMPS EN TEMPS.

ON PEUT UTILISER L'ARGENT DU CLUB !

HÉ OUI !

LES GAMINS VONT ADORER !

BON, J'AI QUELQUES AUTRES IDÉES. NUMÉRO QUATRE, BAISSER LES TARIFS, ET NUMÉRO CINQ...

KRISTY, ON VA PERDRE LE CONTRÔLE ! LE COFFRE À JOUETS, OK, MAIS BAISSER LES TARIFS ? FAIRE LE MÉNAGE ? FILER LES BOULOTS À D'AUTRES ?

NON, NON, ET NON. SI C'EST CE QUE DOIT DEVENIR CE CLUB, JE NE VEUX PLUS PARTICIPER.

MOI NON PLUS.

LES FILLES, JE NE VEUX PAS LAISSER COULER LE CLUB. ON NE *PEUT PAS* SE LAISSER GRILLER PAR LIZ ET MICHELLE.

JE PROPOSE QU'ON GARDE DEUX IDÉES : LES COFFRES À JOUETS ET LES RÉDUCTIONS SPÉCIALES.

ET QU'ON NE REPRENNE LES AUTRES IDÉES QU'EN DERNIER RECOURS.
JE SUIS D'ACCORD.

BON, ON PEUT DÉJÀ S'OCCUPER DES COFFRES À JOUETS. CLAUDIA, TU AS DES CARTONS VIDES ?

OH OUI ! JE VAIS EN CHERCHER À LA CAVE !
JE REVIENS TOUT DE SUITE.

J'AI DES PAILLETTES, DU TISSU... DE LA PEINTURE, ET PLEIN DE TRUCS DE DÉCORATION !
COOL !
FRTT

ELLES VONT ÊTRE GÉNIALES, CES BOÎTES !
COFFRE À JOUETS

COFFRE À JOUETS
KRISTY
MARY ANNE
LUCY
CLAUDIA

Lundi 10 novembre,

Aujourd'hui, j'avais un baby-sitting chez les Johanssen. J'adore garder Charlotte, c'est une de mes chouchoutes. Sa mère est médecin au Centre Médical de Stonebrook, et j'aime bien parler avec elle. Elle me demande toujours comment je vais et comment je réagis à mes traitements. Aujourd'hui, c'était comme d'habitude, à part ce qui s'est passé en fin d'après-midi...

Lucy

Chapitre 4

LUNDI APRÈS-MIDI...
TOC TOC
Lucy
BONJOUR, LUCY.
BONJOUR, DR JOHANSSEN.
COMMENT TU TE SENS ?
J'AI FAIM. ET J'AI PERDU BEAUCOUP DE POIDS.
DES PROBLÈMES AVEC TON INSULINE OU TES TAUX DE SUCRE DANS LE SANG ?
NON. JE CROIS QUE J'AI JUSTE BESOIN DE MANGER PLUS.
J'AI DOUZE ANS, QUAND MÊME.
ÇA PARAÎT LOGIQUE.
LUCY ! OUAIS, LUCY !
SALUT, CHARLOTTE !
Y A QUOI DANS LA BOÎTE ?
UNE SURPRISE. JE L'OUVRIRAI DÈS QUE TA MAMAN SERA PARTIE.

ALLEZ, MAMAN, PARS !
JE CROIS QUE J'AI COMPRIS.
ALORS ??
"COFFRE À JOUETS". C'EST JOLI. JE PEUX L'OUVRIR ?
VAS-Y !
LUCY
COFFRE
SERP
Un grillon
OH, CHOUETTE... DES CRAYONS, DE LA CRAIE, DE LA PÂTE À MODELER... UN JEU DES SERPENTS ET ÉCHELLES...
UN GRILLON DANS LE MÉTRO... ON PEUT LE LIRE ?
BIEN SÛR !
COFFRE À JOUETS

ON PEUT EN LIRE UN PEU CHAQUE FOIS QUE JE VIENS. ET JE TE RACONTERAI COMMENT C'EST À NEW YORK, PUISQUE C'EST LÀ OÙ SE PASSE LE LIVRE.
CHOUETTE !
DIS, JE SAIS QUE TU AS ENVIE DE JOUER AVEC LE COFFRE À JOUETS, MAIS J'AI UNE AUTRE IDÉE.
QUOI ?
ON POURRAIT FAIRE UN TOUR EN VILLE. IL FAIT DOUX, POUR UN JOUR DE NOVEMBRE !
ON POURRAIT FAIRE DU LÈCHE-VITRINES, VOIR CE QUI PASSE AU CINÉMA... S'ARRÊTER AU PARC EN REVENANT ?
...
... ON VA EN VILLE. MAIS TU PROMETS D'APPORTER LE COFFRE LA PROCHAINE FOIS.
PROMIS.

OOH, DES GLANDS !
JE VAIS LES GARDER. QUAND J'AURAI UN ÉCUREUIL, JE POURRAI LUI DONNER.
QU'EST-CE QUE TU FERAIS AVEC UN ÉCUREUIL ?
JE LUI PARLERAIS.
TU N'AS PAS DES AMIS AVEC QUI PARLER, CHARLOTTE ?
JE VEUX DIRE DES *PERSONNES*?
NON.
LES ENFANTS DE MA CLASSE NE M'AIMENT PAS. ET JE LES AIME PAS.
POURQUOI TU NE LES AIMES PAS ?
PARCE QU'ILS NE M'AIMENT PAS.
HMM.

BON... QU'EST-CE QU'ON POURRAIT FAIRE ?

LE MAGASIN DE BONBONS!

DING!
FERMÉ
10¢
50¢

SSSNIFFFFFFF
MMMM...

POLLY'S
POLLY'S
REGARDE, LUCY !

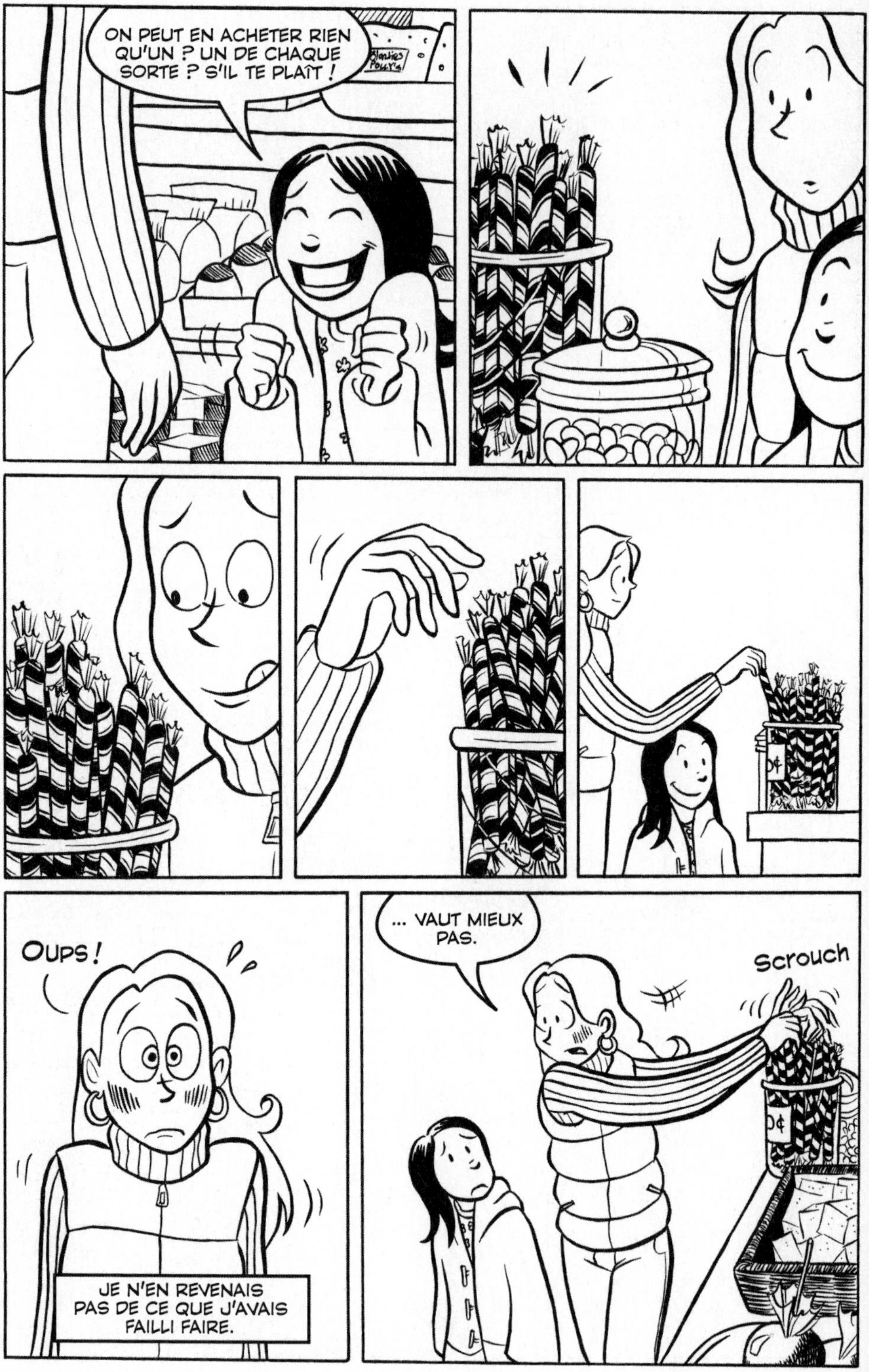

ON PEUT EN ACHETER RIEN QU'UN ? UN DE CHAQUE SORTE ? S'IL TE PLAÎT !

C'EST BIENTÔT L'HEURE DU REPAS. EN PLUS, TA MÈRE N'AIME PAS QUE TU MANGES DES BONBONS.
JE SAIS, MAIS JE ME SUIS DIT...
10¢

MOI AUSSI, J'EN AVAIS ENVIE. TU N'ES PAS LA SEULE À NE PAS AVOIR LE DROIT DE MANGER DES BONBONS.
DING

ON A ENCORE LE TEMPS DE S'ARRÊTER AUX JEUX AVANT DE RENTRER.
D'ACCORD !

... NON.

IL FAIT ENCORE CLAIR. IL Y A D'AUTRES ENFANTS, REGARDE.
NON. JE VEUX RENTRER.
HÉ, V'LÀ *LOLOTTE !*

LA FAYOTTE !
L'INTELLO !
LOLOTTE !
LA FAYOTTE !

JE SUIS PAS
UNE FAYOTTE !!
HA HA !

CHARLOTTE !

VA-T'EN.
JE NE PEUX PAS. JE SUIS TA BABY-SITTER.
POURQUOI ILS SE MOQUENT DE TOI ?

JE VEUX PAS EN PARLER.

MOI AUSSI, L'AN DERNIER, ON SE MOQUAIT DE MOI.

À NEW YORK ?
HM HM.
QUI SE MOQUAIT DE TOI ?

MA MEILLEURE AMIE. ENFIN, MON EX-MEILLEURE AMIE.

POURQUOI ELLE FAISAIT ÇA ?
C'EST UNE LONGUE HISTOIRE.

TOI NON PLUS, TU NE VEUX PAS EN PARLER ?
PAS TROP.

REGARDE ÇA !!

BONJOUR!

JE M'APPELLE LIZ LEWIS, PRÉSIDENTE DE L'AGENCE DES BABY-SITTERS.
TU PEUX M'APPELER SI TU AS BESOIN DE FAIRE GARDER TA PETITE SŒUR.
IL Y A MON NUMÉRO SUR LE BALLON. À PLUS !
"L'AGENCE DES BABY-SITTERS. APPELEZ LIZ LEWIS OU MICHELLE PATTERSON AU 555-7548."
ENCORE DES BABY-SITTERS ? C'EST QUOI, UNE AGENCE, LUCY ?
ENCORE UNE LONGUE HISTOIRE.
VIENS, ON RENTRE À LA MAISON.

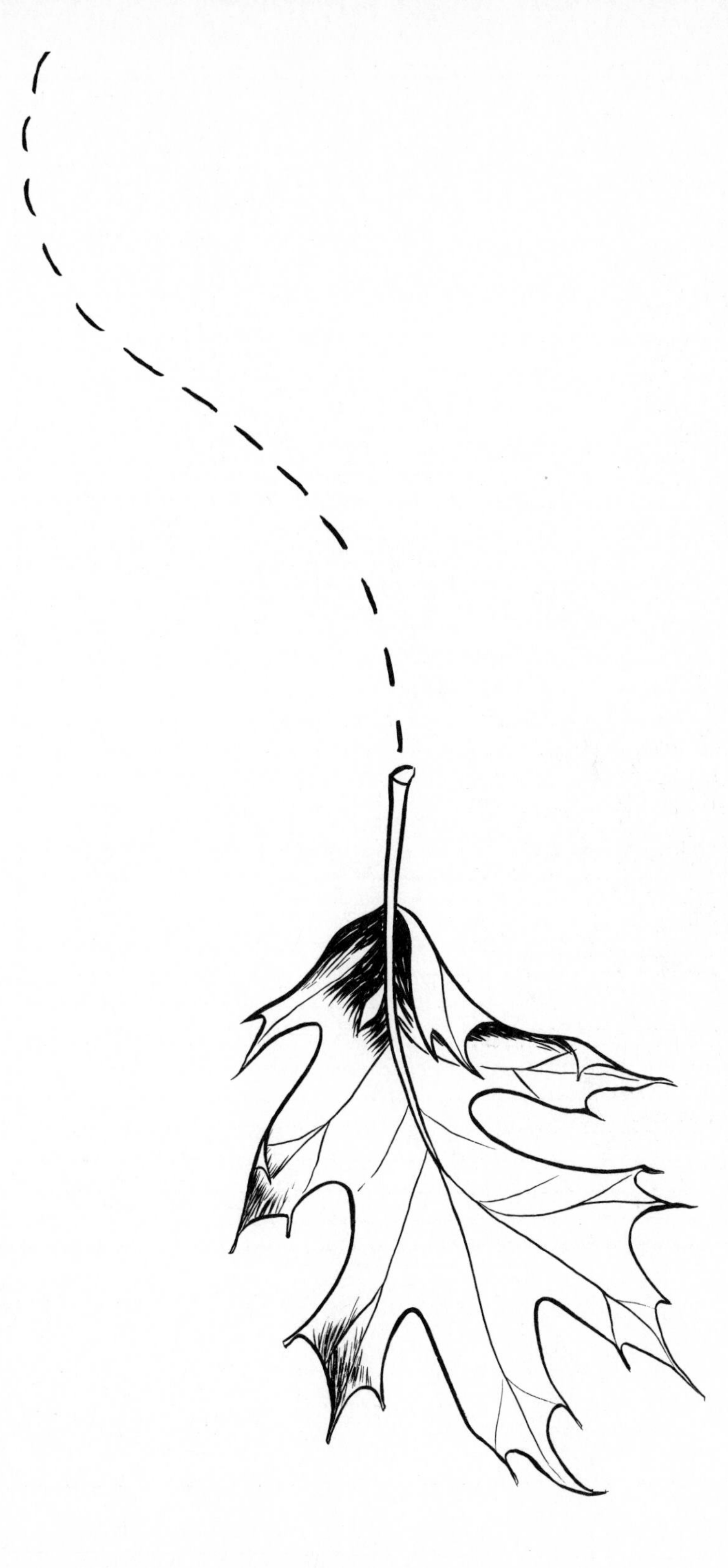

Dimanche 23 novembre

Ça fait pile une semaine que Liz Lewis et Michelle Patterson distribuent leurs prospectus. D'habitude, notre club reçoit une quinzaine de demandes par semaine. Depuis lundi, on en a eu SEPT. C'est pour ça que j'écris dans ce cahier. C'est censé être le journal de nos baby-sittings, pour nous permettre de partager nos problèmes et nos expériences entre nous. Mais l'Agence des Baby-Sitters est notre premier vrai problème et j'ai décidé de suivre le sujet dans le journal.

On a sérieusement intérêt à agir

Kristy

Chapitre 5

LE LENDEMAIN APRÈS LES COURS, ON EST RENTRÉES ENSEMBLE.
DES BALLONS ! POURQUOI ON N'Y A PAS PENSÉ ?
C'EST VRAI.
OUAIS, C'EST BÊTE !

VOUS VENEZ CHEZ MOI, LES FILLES ?

J'AI DU BOULOT. SUR MA PEINTURE À L'HUILE.
ET J'AI UN GÂTEAU À PRÉPARER POUR L'ANNIVERSAIRE DE MON PÈRE.

MOI, JE VIENS, KRISTY.

OUAIS, CE QUI T'INTÉRESSE, C'EST MON FRÈRE CHARLIE...

TIENS, BIZARRE, LA PORTE EST OUVERTE...
J'ESPÈRE QUE MON PETIT FRÈRE N'EST PAS RENTRÉ TOUT SEUL... *DAVID MICHAEL ??*

M'MAN ! QU'EST-CE QUE TU FAIS À LA MAISON ?!
VENEZ VOIR QUI EST LÀ !
QUI ÇA ?
SIMON ! SALUT !
COUCOU !

MA MAMAN VA AVOIR SON BÉBÉ !
AVOIR SON BÉBÉ ? MAINTENANT ?!
KRISTY, JE SAIS QUE VOUS AVIEZ PRÉVU UNE SOLUTION POUR DÉPANNER LES NEWTON, MAIS LE BÉBÉ S'EST ANNONCÉ EN FIN DE MATINÉE.

MME NEWTON M'A APPELÉE AU BUREAU, ET ILS ONT DÉPOSÉ SIMON SUR LE CHEMIN DE LA MATERNITÉ.

BON, JE LAISSE SIMON ENTRE TES MAINS COMPÉTENTES ET JE RETOURNE TRAVAILLER QUELQUES HEURES.
MAIS, M'MAN, ATTENDS !

ELLE A EU UNE FILLE OU UN GARÇON ?!?
DÉSOLÉE, ON N'A PAS DE NOUVELLES. MME NEWTON A PROMIS D'APPELER DÈS QUE LE BÉBÉ SERAIT NÉ.
ET ÇA PREND COMBIEN DE TEMPS D'AVOIR UN BÉBÉ ?
ÇA DÉPEND. AVEC TOI, 24 HEURES.
QUOI ?!
TIENS, LA CLÉ DE CHEZ LES NEWTON. JE TE PAIERAI LE BABY-SITTING... JE RENTRE À 16H30.
ALORS, SIMON, QU'EST-CE QUE TU EN DIS ? TU VAS BIENTÔT DEVENIR GRAND FRÈRE.
TU VEUX QUOI ? UN FRÈRE OU UNE SŒUR ?
UN FRÈRE.
TU SAIS...

ÊTRE UN GRAND FRÈRE, C'EST SUPER IMPORTANT.
?

JE CROIS QUE TU AS DROIT À UNE FÊTE DU GRAND FRÈRE !
UNE FÊTE ? POUR *MOI* ?!
OUAIS ! ON DOIT FÊTER NOTRE GRAND FRÈRE PRÉFÉRÉ... TOI !!

ON VA INVITER TOUT LE MONDE !
ON VA JOUER AUX CHAISES MUSICALES !
ET ON FERA UNE COURSE D'ŒUFS !
BIP BIP

CLAUDIA ARRIVE, MARY ANNE NOUS REJOINT DÈS QU'ELLE AURA FINI DE PRÉPARER SON GÂTEAU, ET MALLORY PIKE VIENT AVEC SES PETITES SŒURS, CLAIRE ET MARGOT.
TCHIC TCHAC
VA METTRE UN CD DANS LA SALLE DE JEUX, PRENDS DES FEUILLES...
WHOUA!

VINGT MINUTES PLUS TARD...

DRINNNG!!
KRISTY ! TÉLÉPHONE !
C'EST M. NEWTON.
SIMON, VIENS ! C'EST TON PAPA !
ALLÔ, PAPA ? ... BIEN. ON FAIT UNE FÊTE... HEU, BON. SALUT.
M. NEWTON ? ALORS, C'EST QUOI ?
C'EST UNE FILLE.
OOOH!!

ELLE S'APPELLE LUCY JANE, ELLE PÈSE 3,3 KG...
OUAIS !
SUPER !
WOW !
... SIMON ?
HI ! HI !
SIMON ?
OÙ TU ES, SIMON ?
SIMON ?
SNIFF...
QU'EST-CE QUI NE VA PAS, GRAND FRÈRE ?

LE BÉBÉ EST ARRIVÉ.
ET TU VOULAIS UN FRÈRE AU LIEU D'UNE SŒUR, C'EST ÇA ?

CH'CHAIS PAS.
ÇA FAIT DU CHANGEMENT, HEIN ?

UH-HUH...

KRISTY POURRA PLUS ME GARDER.

ATTENDS, SIMON... POURQUOI TU DIS ÇA ?

MAMAN A APPELÉ UNE AUTRE FILLE. ELLE A DIT QU'ELLE CHERCHAIT UNE BABY-SITTER PLUS VIEILLE POUR LE BÉBÉ.

LA FILLE, ELLE S'APPELAIT LIZ LEWIS ?

JE...
JE CROIS.
MAIS...
MAIS...

JE VEUX KRISTY !!!

Chapitre 6

MARDI MATIN...
... C'EST PAS POSSIBLE QUE SIMON AIT MAL COMPRIS ? IL N'A QUE TROIS ANS. ON N'EST PAS DU TOUT SÛRES QUE C'ÉTAIT LIZ LEWIS.
C'EST VRAI !
N'EMPÊCHE, CE SERAIT LOGIQUE QUE LES NEWTON CHERCHENT QUELQU'UN DE PLUS DE 12 ANS POUR GARDER UN BÉBÉ...
TOSS
MAIS... MAIS...

C'EST QUOI, ÇA ?

REGARDEZ UN PEU. "VOUS VOULEZ GAGNER DE L'ARGENT FACILEMENT ? REJOIGNEZ L'AGENCE DES BABY-SITTERS. ON SE CHARGE DU PLUS DUR... CONFIEZ À L'AGENCE LA RECHERCHE DE VOS CLIENTS !!"

CHESS CLUB
STONEBROOK
Gardez l'école propre
THE L'AGENCE DES BABY-SITTERS
directeur adjoint M.Kingbr
ABS

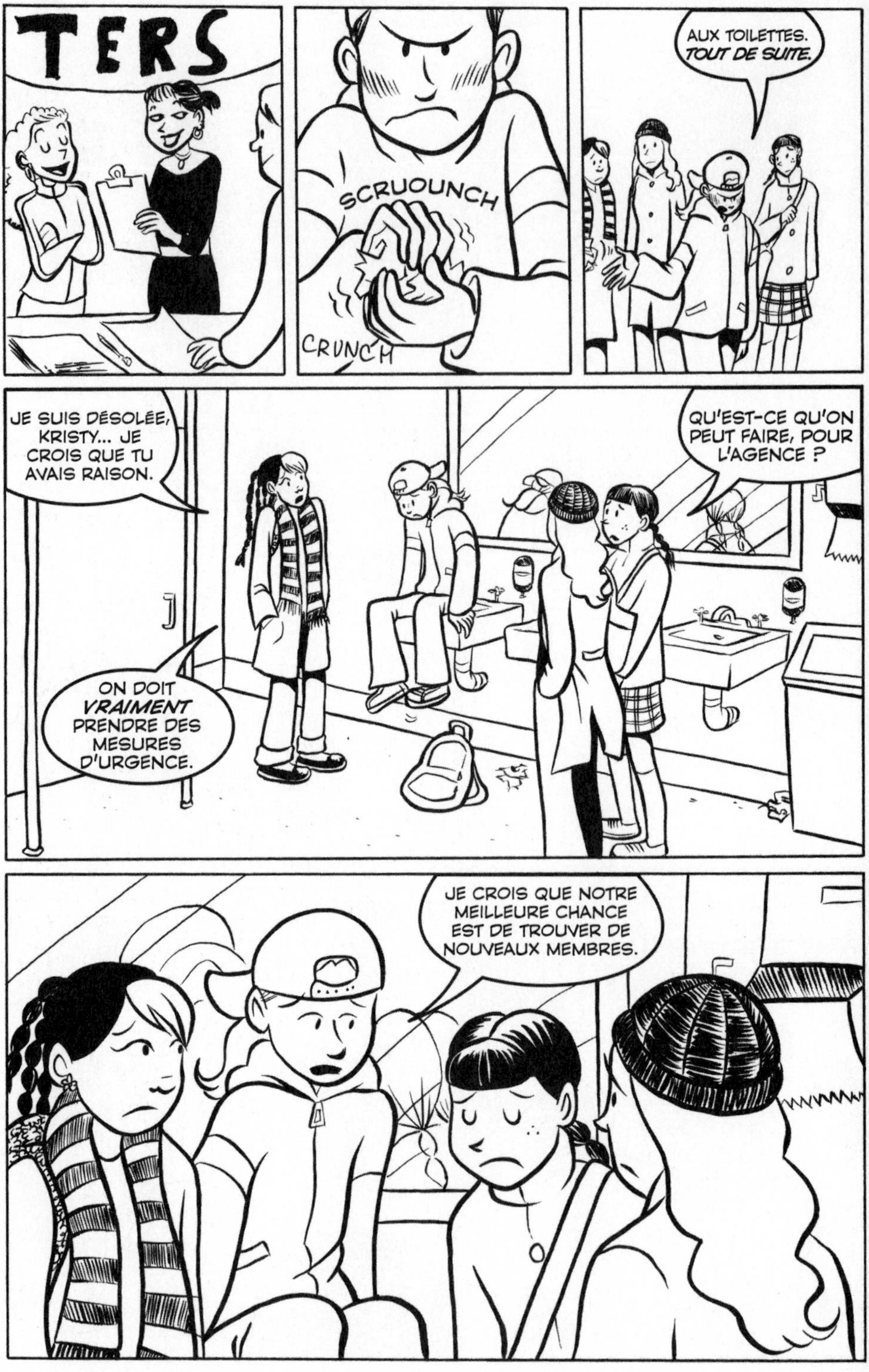

TERS

SCRUOUNCH
CRUNCH

AUX TOILETTES.
TOUT DE SUITE.

JE SUIS DÉSOLÉE, KRISTY... JE CROIS QUE TU AVAIS RAISON.
QU'EST-CE QU'ON PEUT FAIRE, POUR L'AGENCE ?
ON DOIT *VRAIMENT* PRENDRE DES MESURES D'URGENCE.

ON PEUT COMMENCER PAR DEMANDER À DES QUATRIÈMES, ICI, DANS NOTRE ÉCOLE.
ON EST OBLIGÉES?
HEU...
ON N'A EU QUE QUATRE GARDES À NOUS TROIS CETTE SEMAINE !
JE N'AI MÊME PAS PARLÉ AUX JOHANSSEN DEPUIS LA DERNIÈRE FOIS QUE J'AI GARDÉ CHARLOTTE.
STONE
TU VOIS ?
DONC, ON RECRUTE. C'EST D'ACCORD ?
DRINNNNG!
FILLES
C'EST D'ACCORD.

EMPIRE
STATE
en direct

Chapitre 7

LE WEEK-END A ÉTÉ PLUTÔT SYMPA.
IL A MÊME NEIGÉ UN PEU.

C'EST LE *LENDEMAIN* QUE MES PARENTS ONT CHOISI POUR ME METTRE K.O.
ON LUI DIT MAINTENANT, CHÉRI ?
ME DIRE *QUOI ?!*

ON NE VA PAS *RE-DÉMÉNAGER,* SI ?!
MON DIEU, NON.

ON A ARRÊTÉ LA DATE DE TES EXAMENS AVEC LE NOUVEAU MÉDECIN, MAIS CE SERA FINALEMENT UN PEU PLUS TARD QUE PRÉVU...
VERS NOËL ?!

ON PART POUR NEW YORK LE VENDREDI 12, ET ON DEVRAIT REVENIR LE MERCREDI 17.
ÇA FAIT *CINQ* JOURS !! ON NE DEVAIT PARTIR QUE TROIS JOURS !!

TU NE MANQUERAS QUE TROIS JOURS DE COURS... TU PASSERAS PAS MAL DE TEMPS À LA CLINIQUE, C'EST VRAI, MAIS ON AURA LES SOIRÉES ET TOUT LE DIMANCHE DE LIBRE.
HMPH.
ON POURRA FAIRE LES COURSES DE NOËL, ALLER VOIR LE SAPIN GÉANT AU CENTRE ROCKEFELLER...
ET PUIS...
...J'AI DES BILLETS POUR LE SPECTACLE DE "PARIS MAGIC".
"PARIS MAGIC ?!" WAHOU ! DEPUIS LE TEMPS QUE J'AI ENVIE DE LE VOIR... MERCI, P'PA !
ET EN PLUS, LUCY, NOËL, ÇA A TOUJOURS ÉTÉ TA PÉRIODE PRÉFÉRÉE À NEW YORK.
C'EST VRAI... ET QUE PENSE LE DR WERNER DE... IL S'APPELLE COMMENT, LE NOUVEAU MÉDECIN ?
LE DR BARNES.
QUE PENSE LE DR WERNER DU DR BARNES ?
ELLE N'EST PAS ENCORE AU COURANT.

M'MAN ! ON NE PEUT PAS D'ABORD CONSULTER LE DR WERNER ? QU'EST-CE QU'IL A DE SI GÉNIAL, CE DR BARNES ? POURQUOI JE DOIS LE VOIR ? C'EST VRAIMENT PAS JUSTE !
LUCY, CE N'EST PAS TOI QUI DÉCIDES. C'EST TA MÈRE ET MOI QUI SOMMES RESPONSABLES.
C'EST MOI QUE ÇA CONCERNE. C'EST MON CORPS.
JE NE ME SENS PAS BIEN.
TON TAUX DE SUCRE EST PEUT-ÊTRE TROP BAS ? TU L'AS FAITE QUAND, TA DERNIÈRE PIQÛRE ?
JE VAIS TE CHERCHER UNE POMME. TU VEUX DU BEURRE DE CACAHUÈTES AVEC ? LUCY, DIS-LE-MOI SI TU VEUX UN GOÛTER...
CE QUE JE VEUX, C'EST QUE VOUS ME FICHIEZ LA PAIX !!

J'AI GARDÉ CHARLOTTE LE SAMEDI APRÈS-MIDI. MA PREMIÈRE GARDE DEPUIS PLUS DE HUIT JOURS !
Un Grillon dans le métro

QUAND SA MÈRE EST RENTRÉE, ON A PU DISCUTER.
DR JOHANSSEN ? MES PARENTS VEULENT M'EMMENER VOIR UN AUTRE DOCTEUR À NEW YORK !

C'EST UNE CLINIQUE DONT MON ONCLE A ENTENDU PARLER À LA TÉLÉ.
À LA TÉLÉ ?? TU CONNAIS SON NOM ?

HEU, LE DR BARNES.
OH, NON.

QUOI ? VOUS LE CONNAISSEZ ?
PAS PERSONNELLEMENT, MAIS J'AI ENTENDU PARLER DE LUI. C'EST LA COQUELUCHE DU MOMENT. IL EST TRÈS FORT POUR FAIRE SA PUBLICITÉ.

JE LE SAVAIS. JE LE SAVAIS.
BAH, NE T'INQUIÈTE PAS...

LE DR BARNES NE VA PAS TE FAIRE DE MAL, POUR AUTANT QUE JE SACHE. IL NE TOUCHERA PAS À TON TAUX D'INSULINE.
CE QU'IL VA SANS DOUTE FAIRE...

... C'EST TE CONSEILLER TOUTES SORTES DE PROGRAMMES ET DE THÉRAPIES HORS DE PRIX.
DES THÉRAPIES ? QUEL GENRE ?

OH, TOUT. TE FAIRE SUIVRE PAR UN PSYCHIATRE... FAIRE DE L'EXERCICE... SUIVRE UN PROGRAMME DE LOISIRS...

IL PEUT MÊME PRÉCONISER UN CHANGEMENT D'ÉCOLE, POUR QUE TU SUIVES UN ENSEIGNEMENT INDIVIDUALISÉ.
GLOUPS!

CHANGER D'ÉCOLE ?! NON !!

RIEN DE TOUT ÇA N'EST VRAIMENT MAUVAIS. MAIS, À MON AVIS, AUCUN PROGRAMME NE DÉBARRASSERA TON CORPS DU DIABÈTE.
DR JOHANSSEN, IL FAUT QUE VOUS M'AIDIEZ !
J'AIMERAIS BIEN, LUCY, MAIS JE CONNAIS À PEINE TES PARENTS.
MOI, VOUS ME CONNAISSEZ, ET VOUS ÊTES MÉDECIN.
OUI, MAIS PAS LE TIEN.
S'IL VOUS PLAÎT !
VOYONS... JE NE PEUX PAS INTERVENIR DIRECTEMENT, MAIS... JE TE PROMETS DE TENTER QUELQUE CHOSE AVANT TON DÉPART POUR NEW YORK.
D'ACCORD ?
J'AVAIS DU MAL À CROIRE QUE JE RETOURNERAIS SI VITE À NEW YORK.

ÇA ME FAISAIT PENSER À LAINE, ET À TOUT CE QU'ON AVAIT PARTAGÉ ENSEMBLE.
ALLEZ, VIENS, LUCY. TROUVONS UN TRUC À FAIRE !
NYC GIRL
DE QUOI TU AS ENVIE ?
ON VA CHERCHER DES GLACES.
OUAIS !
D'ACCORD, VOUS POUVEZ SORTIR TOUTES SEULES, MAIS SI VOUS ME PROMETTEZ DE REVENIR DIRECTEMENT.
PROMIS !
LUCY, REGARDE !

HA HA ! JE VEUX CE DISTRIBUTEUR DE CHEWING-GUMS !
HMM, MOI, JE PRÉFÈRE LE FEUTRE GÉANT.
ET TU FERAIS QUOI AVEC UN FEUTRE GÉANT ?
JE M'EN SERVIRAIS POUR DÉCORER CHEZ MOI, BIEN SÛR.
OH !! ON DEVRAIT PARTAGER UN APPART ! C'EST GÉNIAL, COMME IDÉE. PEUT-ÊTRE QUAND ON SERA EN CM1.
TING!
ON PRENDRAIT UN STUDIO, C'EST MOINS CHER. ON POURRAIT AVOIR DES LITS SUPERPOSÉS.
ON DOIT FAIRE UNE LISTE DE TOUT CE QU'IL NOUS FAUDRA.
DEUX FOURCHETTES... DEUX CUILLÈRES... DEUX COUTEAUX... DEUX COUPES À GLACE...

DES MENUS DE PIZZAS À EMPORTER, UN CANAPÉ-LIT, DEUX POUFS...
... UN DISTRIBUTEUR DE CHEWING-GUMS... ET UN FEUTRE GÉANT !
ET SI LE PROPRIÉTAIRE NOUS DEMANDE POURQUOI ON HABITE SANS NOS PARENTS ?
ON LUI DIRA QU'ON EST ORPHELINES ET QU'ON A UNE GENTILLE GRAND-MÈRE...
... QUI S'OCCUPE DE NOUS, MAIS QU'ELLE A DÛ ALLER VIVRE EN MAISON DE RETRAITE.
ET ON DIRA QU'ON EST DES SŒURS.
PARFAIT.

TIENS, LUCY, TU RENTRES TÔT !
ÇA A ÉTÉ, LE BABY-SITTING ?
C'ÉTAIT CHOUETTE ! CHARLOTTE EST VRAIMENT ADORABLE.
Crunch
TANT MIEUX. TU AS TOUJOURS RÉCLAMÉ UNE PETITE SŒUR. JE ME SOUVIENS QUAND TOI ET LAINE, VOUS...
ON QUOI ? JE NE VOUDRAIS PAS DE LAINE COMME SŒUR.
JE NE VEUX MÊME PAS D'ELLE COMME AMIE.
SOUPIR.

Chapitre 8

LE LUNDI MATIN AU COLLÈGE, KRISTY NOUS RÉSERVAIT UNE SURPRISE.
OH, KRISTY, C'EST SÉRIEUX ?!
TU NOUS FAIS UNE BLAGUE, LÀ !
QUOI ?

ALLEZ, LES FILLES ! METTEZ-LES !
Rejoignez le MEILLEUR CLUB de la ville ! CBS
Rejoignez le MEILLEUR CLUB de la ville ! CBS
Le CLUB des BABY-SITTERS

HEU... LES FILLES ?
bus scolaire
Collège de Stonebrook
VROuouumm...
Rejoignez le MEILLEUR CLUB

HOU-HOU !
HÉ, LES FILLES, DONNEZ-MOI VOTRE NUMÉRO... J'AURAI PEUT-ÊTRE BESOIN QU'ON ME GARDE !
HÉ-HO !
MAINTENANT, ON DOIT SE DISPERSER.
TU VEUX DIRE QU'ON DOIT SE SÉPARER ?
LE CLUB DES BABY-SITTERS
C'EST QUOI, LE CLUB DES BABY-SITTERS ?
UN TRUC SUPER ! ON A PLEIN DE GARDES. ON SE RETROUVE TROIS FOIS PAR SEMAINE ET...
IL FAUT ALLER À TROIS RÉUNIONS PAR SEMAINE ? J'AI PAS LE TEMPS.
ÇA A L'AIR D'ÊTRE BEAUCOUP DE BOULOT.
J'AIME PAS LES ENFANTS.
C'EST TOUT LE TEMPS MA GRAND-MÈRE QUI ME GARDE.
FRESH

... LUCY ?
Rejoignez le MEILLEUR CLUB de la ville !
CBS
OH... HEU, SALUT, PETER !
AAAAAAAAHH !!!
HEU...
JE VOULAIS TE DEMANDER.
PAS ÇA, PAS ÇA...
HEU... TU VEUX ALLER AU BAL D'HALLOWEEN AVEC MOI ?
... QUOI ?
J-JE VEUX DIRE, BIEN SÛR ! OUAH ! SÉRIEUX ? OK !
... GÉNIAL ! ON SE VOIT CE MIDI, OK ?
APRÈS ÇA... JE M'EN FICHAIS COMPLÈTEMENT DE ME BALADER AVEC CE PANNEAU !

PLUS TARD...
QU'EST-CE QUI TE MET DE SI BONNE HUMEUR, KRISTY ? PERSONNE NE VEUT REJOINDRE NOTRE CLUB !
OUAIS...
J'AI DEUX NOUVEAUX MEMBRES, TOUTES LES DEUX EN QUATRIÈME.
AH BON ?!

ELLES S'APPELLENT COMMENT ?
JANET GATES ET LESLIE HOWARD.

... JE CROYAIS QUE C'ÉTAIT DES AMIES DE LIZ ?

PLUS MAINTENANT ! ELLES FAISAIENT PARTIE DE L'AGENCE, MAIS ELLES ONT LAISSÉ TOMBER. ÇA NE LEUR A PAS PLU.
AH BON ?
ET ELLES VIENNENT À NOTRE PROCHAINE RÉUNION !
CRUNCH
CRUNCH

MAIS... IL Y A UN TRUC QUI CLOCHE DANS CETTE HISTOIRE... ÇA Y EST, JE SAIS QUOI.

VOUS VOUS RAPPELEZ, QUAND ON A DÉMARRÉ LE CLUB, ON A POSÉ PLEIN DE QUESTIONS À LUCY SUR SES BABY-SITTINGS À NEW YORK. ON NE LA CONNAISSAIT PAS, MAIS ON SAVAIT QU'ON VOULAIT ÊTRE UN CLUB DE *BONNES* BABY-SITTERS.

ET ON A VU TOUT DE SUITE QUE LUCY ÉTAIT UNE SUPER BABY-SITTER... MAIS *QU'EST-CE* QU'ON SAIT SUR JANET ET LESLIE, KRISTY ?
BEN, HEU ...

ET TU LEUR AS DÉJÀ DIT QU'ELLES POUVAIENT ÊTRE MEMBRES ?
OUI...

PAS TRÈS PRUDENT.
EN TOUT CAS, C'EST TROP TARD. ON N'A PLUS QU'À COURIR LE RISQUE.

EN PLUS, SI L'AGENCE EST AUSSI NULLE QUE LE DISENT JANET ET LESLIE, ELLE NE VA PEUT-ÊTRE PAS DURER LONGTEMPS.

SI ON SE CONCENTRE TOUTES, ON ARRIVERA PEUT-ÊTRE À LE FAIRE SONNER.

SOUPIR.

Chapitre 9

LE LENDEMAIN...
SALUT, LES FILLES ! ÇA FAIT PLAISIR DE VOUS VOIR !
COUCOU !
BONJOUR, MME NEWTON !
ENTREZ, ENTREZ ! SIMON VOUS RÉCLAMAIT, ET JE SUIS IMPATIENTE DE VOUS PRÉSENTER LUCY JANE !
M'MAN ? IL Y EN A POUR MOI, DES CADEAUX ?
SIMON... CE N'EST PAS POLI DE DEMANDER.
T'AS DE LA CHANCE, SIMON... IL Y EN A QUATRE POUR TOI.
QUATRE !!

DÉSOLÉE, LA SEMAINE A ÉTÉ UN PEU DIFFICILE. SIMON EST UN PEU J-A-L-O-U-X... LUCY JANE A REÇU BEAUCOUP DE C-A-D-E-A-U-X.

ALLONS LA VOIR AVANT D'OUVRIR LES AUTRES CADEAUX QUE VOUS AVEZ APPORTÉS.

DOMMAGE QU'ELLE DORME, VOUS AURIEZ PU LA PRENDRE DANS LES BRAS.
OOOH !

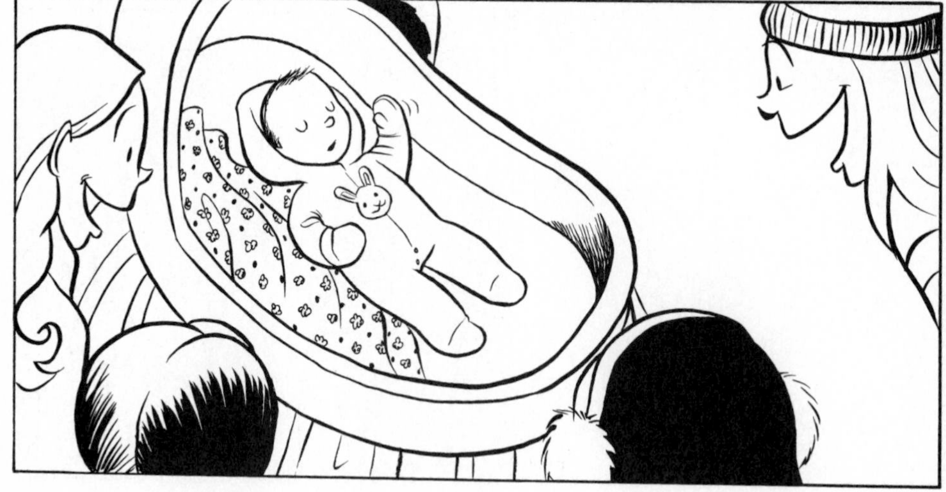

ELLE EST TROP CHOU !
CE QU'ELLE EST PETITE !
... MME NEWTON ? JE PEUX VOUS POSER UNE QUESTION ?

JE NE SAIS PAS COMMENT DIRE ÇA, MAIS... SIMON A DIT À LUCY QU'ON NE LE GARDERAIT PLUS. IL... IL VOUS A ENTENDUE AU TÉLÉPHONE AVEC LIZ LEWIS, DE L'AGENCE DES BABY-SITTERS. EST-CE QUE... ON POURRAIT CONTINUER... HEU...

J'AURAIS DÛ VOUS EN PARLER.... VOUS SEREZ TOUJOURS MES BABY-SITTERS *PRÉFÉRÉES*...

C'EST JUSTE QU'UN BÉBÉ, C'EST TRÈS FRAGILE, ET ÇA RÉCLAME DES SOINS PARTICULIERS.
MAIS ON EST SÉRIEUSES !

JE SAIS MAIS, PENDANT QUELQUES MOIS, JE ME SENTIRAI PLUS À L'AISE EN LAISSANT LUCY JANE À DES BABY-SITTERS PLUS ÂGÉES.
... D'ACCORD.

QUAND J'EMMÈNERAI LUCY JANE ET QU'IL N'Y AURA QUE SIMON À GARDER, JE SERAI RAVIE DE VOUS APPELER.
SALUT, KRISTY !

ET QUAND LUCY JANE SERA PLUS GRANDE, J'ESPÈRE QUE JE POURRAI COMPTER SUR VOUS !

BIEN SÛR !
ÉVIDEMMENT.
C'EST CLAIR.
OUAIS.

... C'EST FICHU.

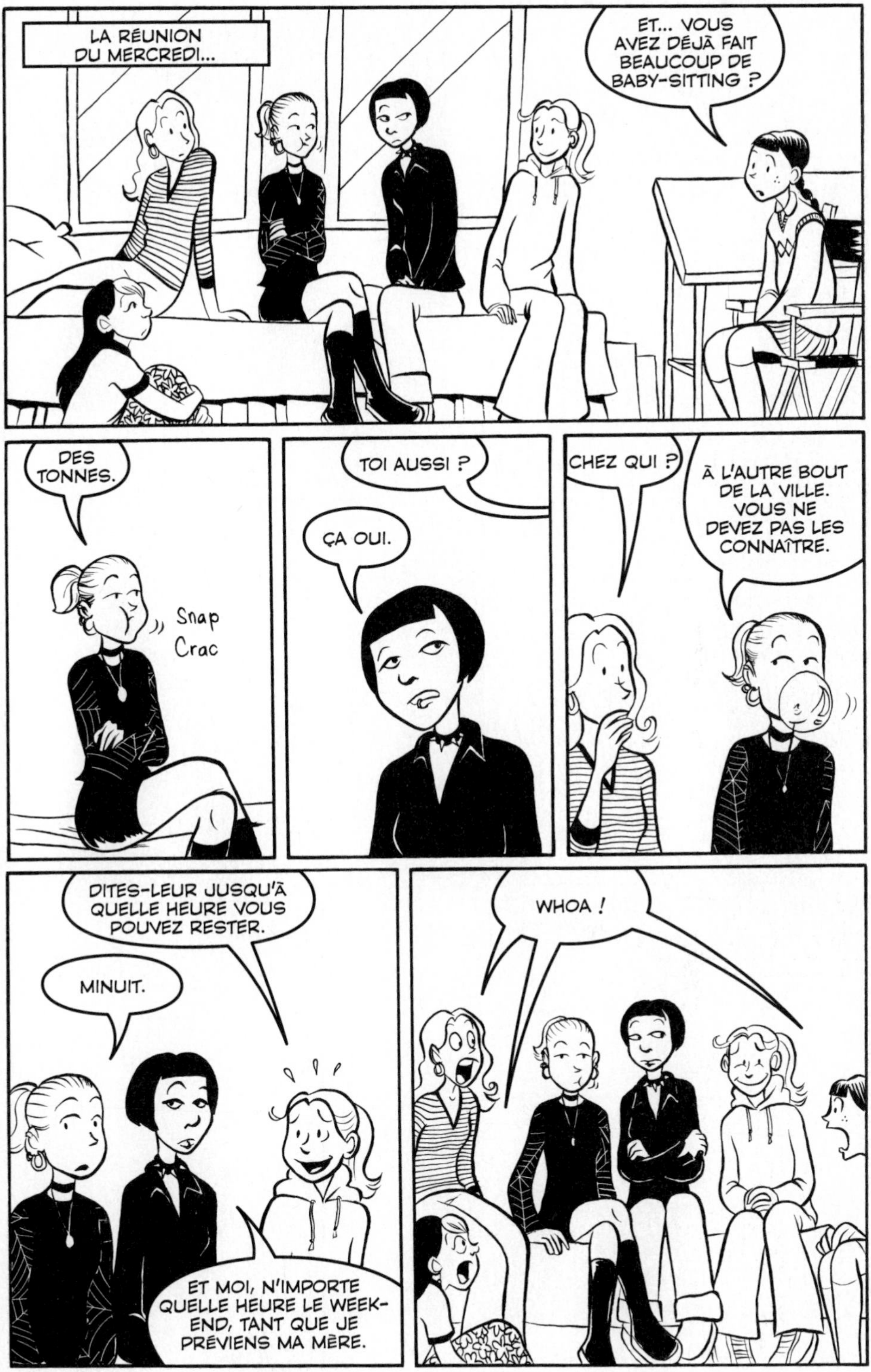

LA RÉUNION DU MERCREDI...
ET... VOUS AVEZ DÉJÀ FAIT BEAUCOUP DE BABY-SITTING ?

TU AS QUEL ÂGE ?
Snap
Snap
Crunch

QUATORZE ANS.
ET MOI, TREIZE.

DRING!
LE TÉLÉPHONE ! GÉNIAL ! ALLÔ, ICI LE CLUB DES BABY-SITTERS !

C'EST DES NOUVEAUX CLIENTS... LES KELLY. TU VEUX T'EN OCCUPER, LESLIE ?
POURQUOI PAS.

DRINNNNG!!!
VOUS AVEZ ENVIE DE RÉPONDRE ?
... PAS VRAIMENT.

BONJOUR, ICI LE CLUB DES BABY-SITTERS... OUI ! BIEN SÛR, ON VOUS RAPPELLE TOUT DE SUITE.

ENCORE UNE NOUVELLE CLIENTE ! WAHOU. MME JAYDELL. ELLE A DEUX PETITS ENFANTS. C'EST POUR SAMEDI SOIR... JANET, TU VEUX LE PRENDRE ?
... HEIN ? HEU, D'ACCORD.

ALLÔ, MME JAYDELL ?...
C'EST SUPER... C'EST VRAIMENT SUPER.
QUEL SOULAGEMENT !

LE CLUB DES BABY-SITTERS SEMBLAIT AVOIR RETROUVÉ SON RYTHME.
DRING !

ON NE SE DOUTAIT PAS À QUEL POINT ON SE TROMPAIT.

Lundi 8 décembre

Aujourd'hui, Kristy, Lucy et Mary Anne sont arrivées en avance à la réunion du Club. On avait hâte de savoir comment les baby-sittings s'étaient passés ~~sma~~ samedi pour Janet et Leslie.

À 17h30, on attendait encore qu'elles sonnent à la porte. À 17h50, toujours rien. Qu'estce qu'elles fabiquaient ?

Kristy ~~commenss~~ commençait sérieusement à s'inquiéter. Elle a demandé que ~~qqq~~ quelqu'un note ça dans notre journal de bord.

Y a un problème

* Claudia *

Chapitre 10

LA RÉUNION SUIVANTE A EU LIEU LE LUNDI.
CLUB DES BABY-SITTERS. OH, BONJOUR, MME MARSHALL ! BIEN SÛR !

QUELQU'UN PEUT GARDER NINA ET ELEANOR MERCREDI APRÈS-MIDI ?
JE REGARDE.
HÉ...

... IL EST PLUS DE 17H30. JANET ET LESLIE NE DEVRAIENT PAS ÊTRE LÀ ?
HEU, SI...

DRING!
CLUB DES BABY-SITTERS... BONJOUR, MME NEWTON !
JUSTE POUR SIMON ? BIEN SÛR !

DRING!
CLUB DES B... OH, SALUT, WATSON ! BIEN SÛR QUE JE VEUX GARDER KAREN ET ANDREW ! JE VAIS VOIR SI JE SUIS LIBRE...

5:50
HEU... LES FILLES ?

ELLES AURAIENT AU MOINS PU APPELER POUR DIRE QU'ELLES NE POUVAIENT PAS VENIR AUJOURD'HUI...
J'AI VU JANET À L'ÉCOLE, ET ELLE NE M'A PAS PARLÉ D'UN EMPÊCHEMENT.

BON, JE LES APPELLE POUR VOIR SI...
DRING!

ALLÔ, CLUB DES BABY-SITTERS. OUI, C'EST KRISTY PARKER, LA PRÉSIDENTE DU CLUB. OH, BONJOUR, MME KELLY...

ELLE A QUOI ?!

JE SUIS VRAIMENT DÉSOLÉE. JE NE SAVAIS PAS. ELLE N'EST PAS ICI... JE NE SAIS PAS QUOI DIRE.

clic

LESLIE NE S'EST JAMAIS PRÉSENTÉE POUR SON BABY-SITTING CHEZ LES KELLY.

QUOI ?! MAIS POURQUOI LES KELLY NE NOUS ONT-ILS PAS APPELÉES SAMEDI ?
C'EST SIMPLE ! LESLIE LEUR A MONTRÉ QU'ON N'ÉTAIT PAS FIABLES ! M. KELLY A JUSTE APPELÉ POUR ÊTRE SÛR QU'ON LE SACHE... MAIS QUELQUE CHOSE ME DIT QUE LES KELLY NE SONT PAS PRÈS DE RAPPELER LE CLUB DES BABY-SITTERS.

DRING!
ALLÔ, CLUB DES BABY-SITTERS. OUI.... OH, NON, C'EST UNE *BLAGUE ?!*

C'EST MME JAYDELL.
MME JAYDELL ? JANET NE S'EST PAS POINTÉE NON PLUS ?
TCHOC

NON, ON NE SAVAIT PAS DU TOUT. DÉSOLÉE POUR VOTRE SOIRÉE... OUI... JE COMPRENDS.

clic!

AAAAAAAAAHH !!

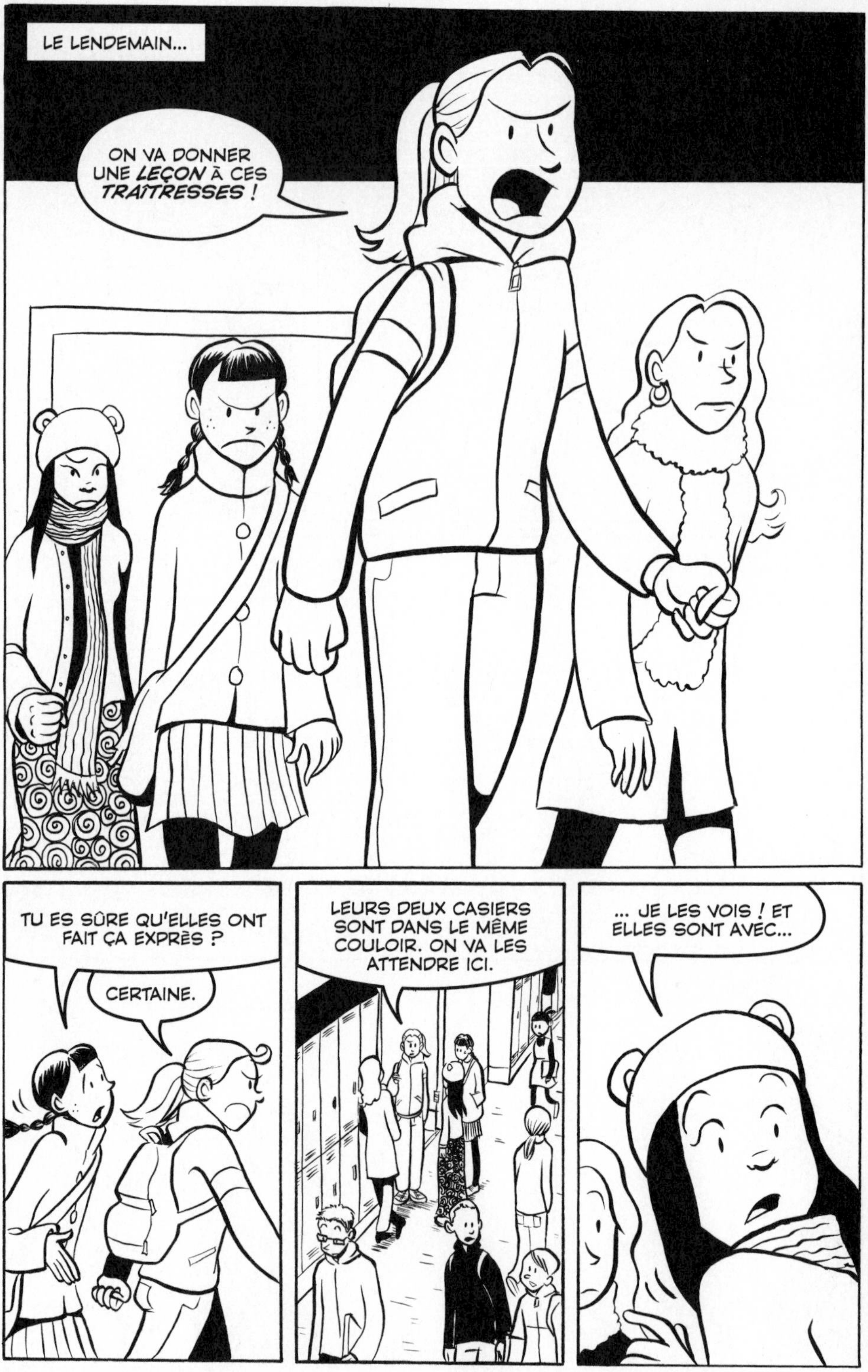

LE LENDEMAIN...

ON VA DONNER UNE *LEÇON* À CES *TRAÎTRESSES* !

... LIZ LEWIS !!

JE CROYAIS QU'ELLES N'AIMAIENT PAS LIZ !
MOI AUSSI.

BON, QU'EST-CE QUI SE PASSE ? OÙ ÉTIEZ-VOUS SAMEDI ??

Ricane

HA HA HA
HA HAHH !!
QU'EST-CE
QU'IL Y A DE
DRÔLE ?

ON... ON EST MEMBRES DE
L'AGENCE DES BABY-SITTERS.
MAIS...
MAIS...

HAHA
HAAAA!!
ON VOUS A
BIEN EUES !

C'EST IGNOBLE. JE VAIS DIRE À
TOUTES LES FAMILLES QUI VOUS
CONNAISSENT QUE...

AH, TU VEUX DIRE
DU MAL DE NOUS ?
ESSAYE UN PEU.

LIZ ET MICHELLE DEVRONT JUSTE BOSSER UN PEU PLUS POUR RESTER LA MEILLEURE AGENCE DE BABY-SITTING DE LA VILLE ! À TOUT' !

LA HONTE ! J'AURAIS DÛ ME RENSEIGNER AVANT.
C'EST RIEN, KRISTY.

ON VA JUSTE DEVOIR CONTINUER À QUATRE. ON N'A QUE DOUZE ANS, ET ALORS ? ON NE PEUT PAS RESTER TARD, ET ALORS ?
OUAIS !

JE DIS QUE C'EST NOUS, LA MEILLEURE AGENCE DE BABY-SITTING... IL SUFFIT QU'ON TROUVE UN MOYEN DE LE PROUVER !

Mercredi 10 décembre

Cet après-midi, j'ai gardé Simon pendant que Mme Newton emmenait Lucy Jane chez le pédiatre. Il n'était pas dans son assiette. Il tournait en rond comme s'il venait de perdre son meilleur ami. Il a eu l'air assez content de me voir quand je suis arrivée, mais dès que Mme Newton a franchi la porte avec Lucy Jane dans les bras, il a changé de tête...

Mary Anne

Chapitre 11

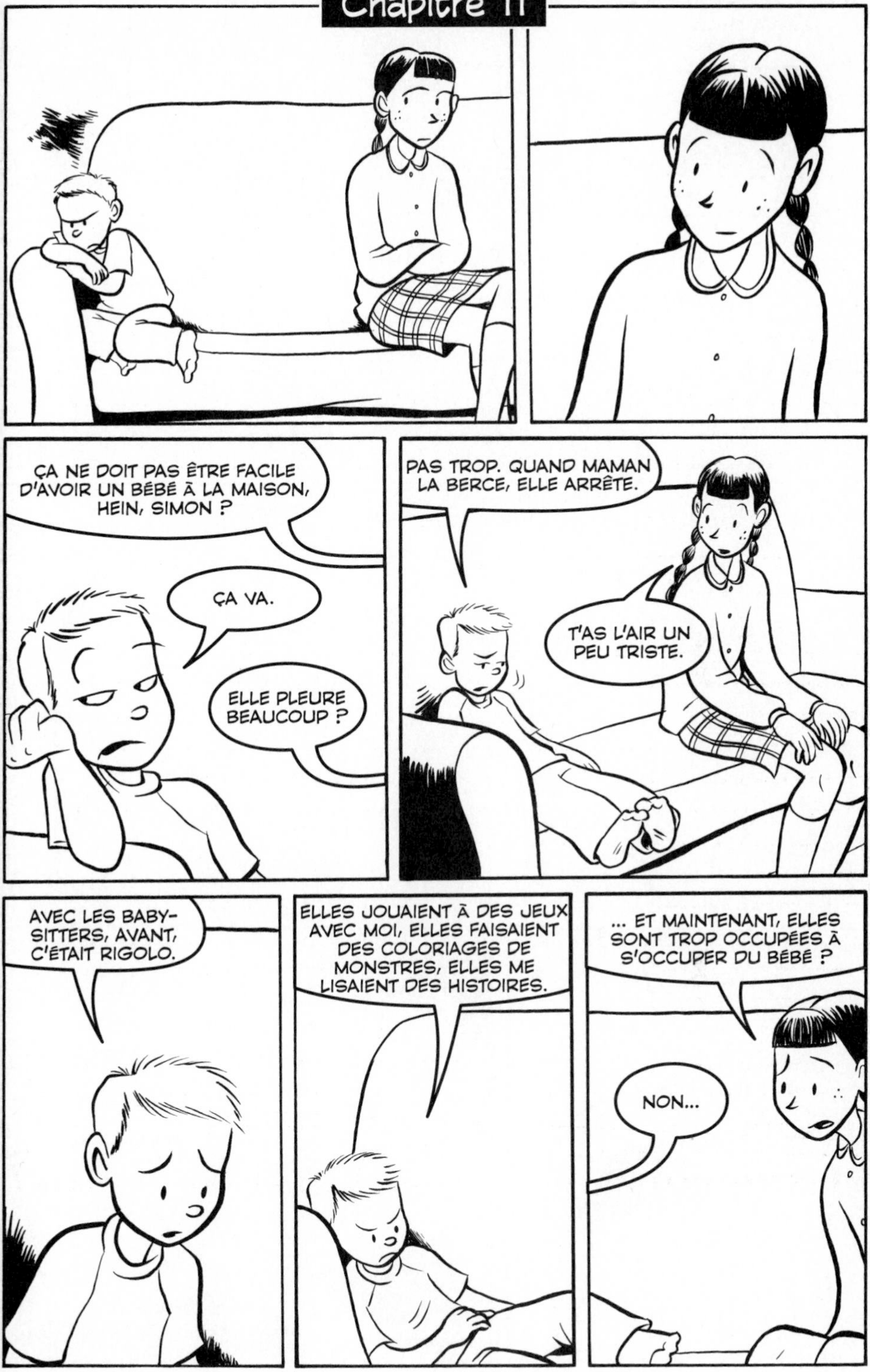

ÇA NE DOIT PAS ÊTRE FACILE D'AVOIR UN BÉBÉ À LA MAISON, HEIN, SIMON ?

ÇA VA.

ELLE PLEURE BEAUCOUP ?

PAS TROP. QUAND MAMAN LA BERCE, ELLE ARRÊTE.

T'AS L'AIR UN PEU TRISTE.

À REGARDER LA TÉLÉ. TOI AUSSI, TU VAS REGARDER LA TÉLÉ ?
MOI ? NON. J'ALLAIS TE DEMANDER SI TU VOULAIS VOIR CE QU'IL Y A DANS LE COFFRE À JOUETS.
LE COFFRE À JOUETS !! TU L'AS APPORTÉ ? J'AVAIS PAS VU !
IL EST DANS L'ENTRÉE. MAIS ATTENDS UNE SECONDE, SIMON...
Boing!
PARLE-MOI ENCORE DES BABY-SITTERS. TU DIS QU'ELLES PASSENT LEUR TEMPS À REGARDER LA TÉLÉ ?
ET ELLES... ELLES ONT DES *ACCIDENTS*.
QUEL GENRE "D'ACCIDENTS" ?
COMME ÇA.
... UNE MARQUE DE BRÛLURE !

C'EST UNE BABY-SITTER QUI A FAIT ÇA ?
OUI.

AVEC UNE CIGARETTE.
HOULÀ... AUTRE CHOSE ?

DES FOIS, ELLES PARLENT AU TÉLÉPHONE. ET C'EST PLUS LONG QUE QUAND C'EST PAPA OU MAMAN. MARY ANNE ?
OUI ?
MARY ANNE

C'EST QUOI, UN PETIT AMI ?

C'EST... HEU... UN AMI QUI EST UN GARÇON.
MOI, JE SUIS TON PETIT AMI ?

PAS TOUT À FAIT. ÉCOUTE, SIMON... QUI TE GARDE EN CE MOMENT ? TU CONNAIS LEURS NOMS ?

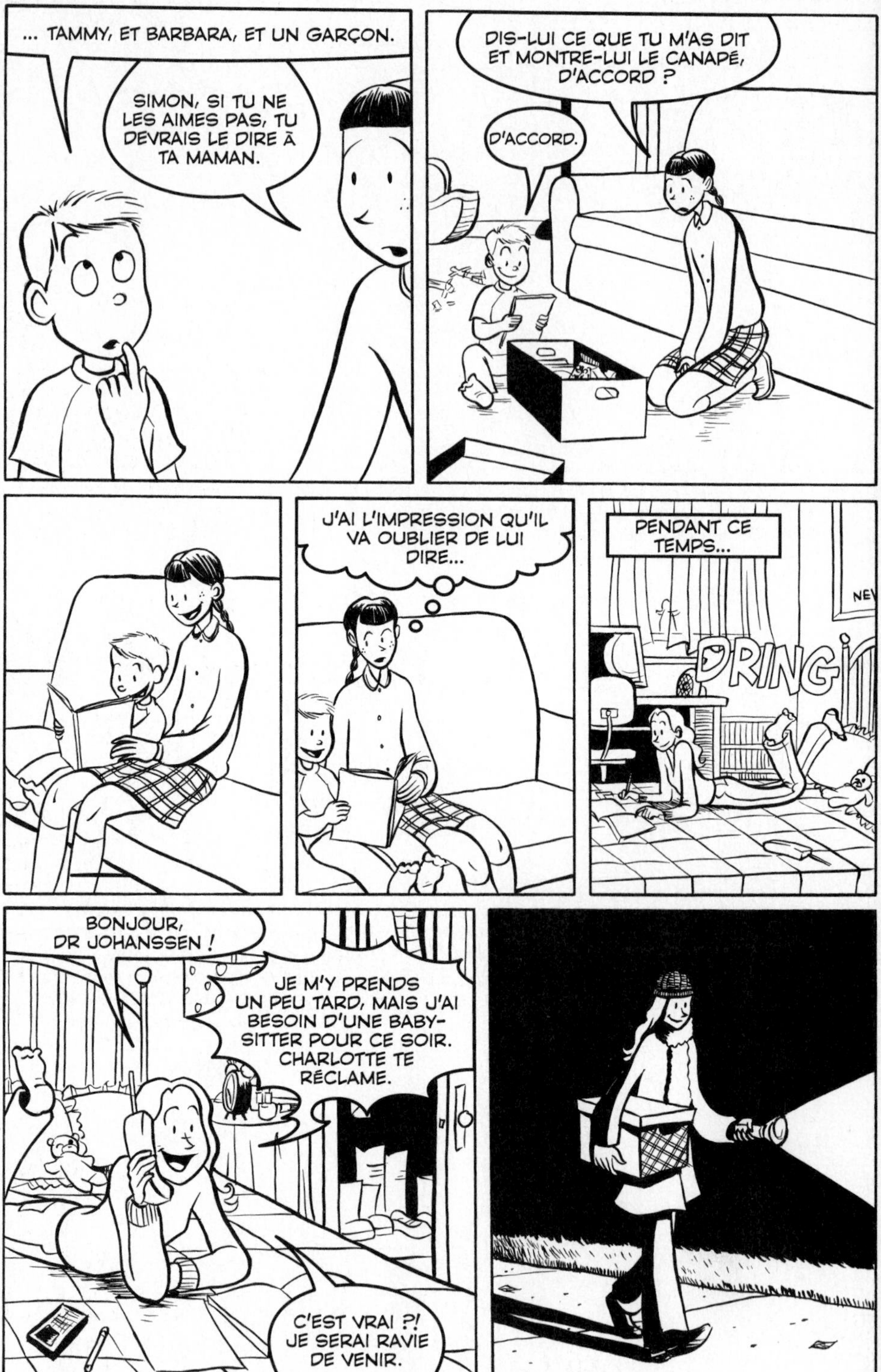

… TAMMY, ET BARBARA, ET UN GARÇON.

SIMON, SI TU NE LES AIMES PAS, TU DEVRAIS LE DIRE À TA MAMAN.

DIS-LUI CE QUE TU M'AS DIT ET MONTRE-LUI LE CANAPÉ, D'ACCORD ?

D'ACCORD.

J'AI L'IMPRESSION QU'IL VA OUBLIER DE LUI DIRE…

PENDANT CE TEMPS…

DRING

BONJOUR, LUCY. JE SUIS CONTENTE DE TE VOIR... CHARLOTTE N'EST PAS EN FORME, EN CE MOMENT.

ELLE DIT QUE ÇA VA, MAIS ELLE N'A PAS LE MORAL. J'AI PRIS RENDEZ-VOUS AVEC LA MAÎTRESSE.
JE PRÉFÈRE QUE TU LE SACHES.

MON MARI TRAVAILLE TARD, ET J'AI UNE RÉUNION DE PARENTS. ON SERA LÀ TOUS LES DEUX AVANT 9H CE SOIR.
D'ACCORD.

À VOTRE RETOUR, JE POURRAI VOUS PARLER ? ON PART POUR NEW YORK SAMEDI, ET J'AI EU UNE IDÉE.

PAS DE PROBLÈME.
À CE SOIR, CHÉRIE.
MMM.

TU VEUX QUE JE T'AIDE À FAIRE TES DEVOIRS, CHARLOTTE ?
NON, C'EST PAS DUR.

DANS CE CAS, TU AURAS BIENTÔT FINI, NON ?
QU'EST-CE QUE ÇA PEUT TE FAIRE ?
CHARLOTTE ! POURQUOI TU ME PARLES COMME ÇA ? POURQUOI TU ES FÂCHÉE ?
JE NE SUIS PAS FÂCHÉE.
ON *DIRAIT,* POURTANT. JE T'AI DEMANDÉ PARCE QUE JE VOULAIS LIRE *UN GRILLON DANS LE MÉTRO* AVEC TOI APRÈS, C'EST TOUT.
TU *PARLES !*
TA MÈRE M'A DIT QUE TU ÉTAIS *CONTENTE* QUE JE VIENNE !
JE VOULAIS QUE TU VIENNES... MAIS PAS POUR ME GARDER.
JE NE SUIS PAS SÛRE DE COMPRENDRE.
LUCY, POURQUOI TU VIENS ME GARDER ?

PARCE QUE JE T'AIME BIEN. TU ES UNE DE MES CHOUCHOUTES.
MAIS POURQUOI TU FAIS DU *BABY-SITTING* ?
C'EST POUR L'ARGENT ?
BAH, C'EST VRAI QUE L'ARGENT, C'EST BIEN...
JE LE *SAVAIS*.
MAIS AUSSI PARCE QUE JE T'AIME BIEN. ET SI TES PARENTS ME DEMANDAIENT DE TE GARDER ET QU'ILS NE POUVAIENT PAS ME PAYER, JE VIENDRAIS QUAND MÊME.

IL Y A DES BABY-SITTERS QUI NE LE FONT QUE POUR L'ARGENT... ELLES S'EN FICHENT, DES ENFANTS.

QUELLES BABY-SITTERS ?
... MES NOUVELLES.
C'EST QUI, TES NOUVELLES ?

MICHELLE PATTERSON. LESLIE TRUCBIDULE. ET CATHY MORRIS.
ET ELLES T'ONT *DIT* QU'ELLES N'AIMAIENT PAS TE GARDER ?

NON, C'EST ELIE, LA SŒUR DE CATHY, QUI ME L'A DIT. ELLE EST DANS MA CLASSE. ELLE ME DÉTESTE.

ELLE M'A DIT : "HÉ, CHARLOTTE, LA FAYOTTE, T'AS MÊME PAS D'AMIS !" ET J'AI DIT : "J'AI DES BABY-SITTERS. C'EST *ELLES*, MES AMIES." ET ELIE A DIT : "MA SŒUR CATHY, ELLE TE GARDE JUSTE PARCE QUE TES PARENTS LUI DONNENT PLEIN D'ARGENT, IDIOTE !"

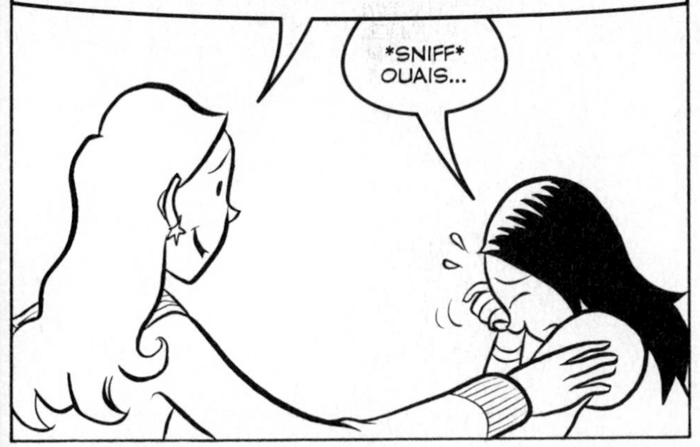
DIS... CHARLOTTE... JE T'AI INVITÉE À LA FÊTE DE GRAND FRÈRE DE SIMON, NON ? CE N'ÉTAIT PAS POUR TE GARDER.
SNIFF OUAIS...

ET MICHELLE ET LESLIE ET CATHY, ELLES FONT QUOI QUAND ELLES TE GARDENT ?

ELLES REGARDENT LA TÉLÉ. ELLES PARLENT AU TÉLÉPHONE. ET LESLIE A AMENÉ SON PETIT AMI.

MOI, JE FAIS QUOI QUAND JE TE GARDE ?

BEN, TU VIENS AVEC LE COFFRE À JOUETS, ON LIT DES HISTOIRES, ON SE PROMÈNE, ON JOUE À DES JEUX...

C'EST PAS ÊTRE AMIS, ÇA ?

... SI !!
PARDON, LUCY ! PARDON D'AVOIR ÉTÉ EN COLÈRE !

TU AS ENVIE DE ME PARLER DES AUTRES ENFANTS À L'ÉCOLE ? CEUX QUI SE MOQUAIENT DE TOI ?
NON.

SI UN JOUR, TU VEUX EN PARLER, TU PEUX TOUJOURS M'EN PARLER À MOI !

PLUS TARD...

ALORS, LUCY, DE QUOI VOULAIS-TU ME PARLER ?

BAH, JE PENSE QUE JE VAIS LAISSER MES PARENTS M'EMMENER VOIR LEUR "MÉDECIN" SAMEDI...

MAIS JE VEUX AUSSI LEUR DIRE QUE J'AI FAIT DES RECHERCHES DE MON CÔTÉ SUR LE DIABÈTE, ET LEUR PARLER D'UN MÉDECIN QUE *J'AI* CHOISI, ET QUE JE VOUDRAIS VOIR. C'EST LÀ QUE VOUS INTERVENEZ.

J'ESPÉRAIS QUE VOUS POURRIEZ ME RECOMMANDER QUELQU'UN DE SÉRIEUX... SI POSSIBLE AVEC UN BUREAU CHIC ET DES TAS DE DIPLÔMES.

EN FAIT, JE VOULAIS JUSTEMENT TE CONSEILLER QUELQU'UN. ON A RÉFLÉCHI DANS LE MÊME SENS, TOUTES LES DEUX.

EN JOUANT SUR MES RELATIONS, JE DEVRAIS T'OBTENIR UN RENDEZ-VOUS D'ICI SAMEDI.
OH, MERCI !!!

MAIS JE PRÉFÉRERAIS EXPLIQUER ÇA À TES PARENTS.

OH, NON, S'IL VOUS PLAÎT ! ÇA DOIT ÊTRE UNE SURPRISE... SINON, ÇA NE MARCHERA *JAMAIS* !

BON... ET SI JE LEUR ÉCRIVAIS UNE LETTRE ? TU POURRAIS LA LEUR DONNER CE WEEK-END... AVANT DE VOIR LE MÉDECIN.

... D'ACCORD. ÇA DEVRAIT MARCHER.

MERCI, DR JOHANSSEN !
CLAC !

Chapitre 12

LE LENDEMAIN APRÈS LES COURS, MARY ANNE ET MOI AVONS DIT À KRISTY ET À CLAUDIA CE QUE SIMON ET CHARLOTTE NOUS AVAIENT RACONTÉ.
ON A UN PROBLÈME.
UN DE *PLUS* ?

QUAND J'AI GARDÉ CHARLOTTE, HIER, ELLE ÉTAIT ***VRAIMENT*** PERTURBÉE À CAUSE DE SES NOUVELLES BABY-SITTERS.

ET SIMON, PAREIL ! MAIS, AU FINAL, ÇA POURRAIT NOUS ARRANGER.
QUOI ? COMMENT ?!

BEN, J'AI CONSEILLÉ À SIMON DE DIRE À SA MÈRE QUE ÇA N'ALLAIT PAS. NOUS, ON NE PEUT PAS PARLER AUX PARENTS, MAIS LES ENFANTS, EUX, SI !

C'EST VRAI, ÇA !

À PARTIR DE MAINTENANT, ON DEVRAIT ENCOURAGER LES ENFANTS À PARLER... C'EST LEUR DROIT.
ET NOUS, ON *DOIT* SE RAPPELER QU'ON EST DES SUPER BABY-SITTERS QUI...
SIMON !!
QU'EST-CE QUE TU FAIS LÀ ?
JE JOUE.
MAIS TU NE DEVRAIS PAS ÊTRE DANS LA RUE. OÙ SONT TES MOUFLES ? ET TON BONNET ? IL GÈLE ICI !

TA MÈRE EST TRÈS OCCUPÉE AVEC LUCY JANE, AUJOURD'HUI ?
NON, ELLE A UNE RÉUNION. LUCY JANE DORT.
ZZZZZZZMMMMM
SPLASH !
SIMON, TU AS UNE BABY-SITTER, AUJOURD'HUI ?
OUAIS, BARB... HEU, CATHY.
CATHY MORRIS ?
OUAIS.
ELLE SAIT QUE TU ES LÀ ?
ELLE A DIT QUE JE POUVAIS JOUER DEHORS.
QU'EST-CE QU'ON FAIT ?

SIMON, TU PEUX FAIRE DEUX CHOSES SPÉCIALEMENT POUR NOUS ?
OUI.
D'ABORD, VA METTRE TES MOUFLES ET TON BONNET. DEMANDE À CATHY DE T'AIDER SI TU NE LES TROUVES PAS. MAIS TU NE SORS PAS SANS, D'ACCORD ?
OUI.
ENSUITE, JOUE DERRIÈRE LA MAISON, SI TU TIENS À ALLER DEHORS. FAIS DE LA BALANÇOIRE, D'ACCORD ?
D'ACCORD.
C'EST GRAVE, QU'UNE BABY-SITTER DE CETTE SOI-DISANT AGENCE LAISSE UN PETIT DE TROIS ANS JOUER TOUT SEUL DEHORS.
IL AURAIT PU SE FAIRE RENVERSER PAR UNE VOITURE.
IL AURAIT PU S'ÉLOIGNER.
LE RUISSEAU N'EST PAS ENTIÈREMENT GELÉ. IL AURAIT PU TOMBER !

ON *DOIT* FAIRE QUELQUE CHOSE. JE PENSE QU'IL FAUT LE DIRE À MME NEWTON.
MAIS SI ELLE CROIT QUE C'EST PAR JALOUSIE ?
JE CROIS QUE LA SÉCURITÉ DE SIMON MÉRITE QU'ON PRENNE LE RISQUE.
JE SUIS D'ACCORD.
MOI AUSSI.
C'EST JUSTE QUE...
VOILÀ LA VOITURE DE MME NEWTON. C'EST LE MOMENT.
ATTENDS, CATHY EST ENCORE LÀ... ON NE PEUT PAS ENTRER *MAINTENANT*.
BON, BEN... ON VA ATTENDRE.

Brrr...
Glagla
tap tap tap
J'ESPÈRE QU'ON NE DEVRA PAS ATTENDRE TROP...
CLAC
HMPH.
... LES FILLES!
COUCOU !

J'AI FAIT CE QUE VOUS AVEZ DIT !
ON POURRAIT VOUS PARLER ?
B-BIEN SÛR... UN PROBLÈME ?

LE MIEUX, C'EST QU'ON COMMENCE PAR CE QUI S'EST PASSÉ CET APRÈS-MIDI.

ON RENTRAIT DU COLLÈGE QUAND ON A VU SIMON QUI JOUAIT DEHORS.
TOUT SEUL.
DANS LA RUE.
SANS SES MOUFLES NI SON BONNET.

IL NOUS A DIT QUE CATHY MORRIS LE GARDAIT, MAIS ON NE L'A VUE NULLE PART. ELLE NE DEVAIT PAS SAVOIR OÙ SE TROUVAIT SIMON.
ON A PENSÉ QU'IL FALLAIT VOUS LE DIRE.

!

ON EST DÉSOLÉES DE RAPPORTER COMME ÇA, MAIS...
NON, NON !

JE VOUS REMERCIE DE ME L'AVOIR DIT. C'EST JUSTE QUE... JE N'EN REVIENS PAS. C'EST TELLEMENT *IRRESPONSABLE* DE SA PART !
ET PUIS, SIMON A DIT À MARY ANNE QU'IL N'AIMAIT PAS SES NOUVELLES BABY-SITTERS.

IL Y EN A UNE QUI FUME, ET QUI A FAIT UN TROU DANS LE CANAPÉ.
OH.

CHARLOTTE JOHANSSEN N'ÉTAIT PAS CONTENTE NON PLUS. J'AI PAS MAL PARLÉ AVEC ELLE HIER.
BIEN...

EN TOUT CAS, JE NE FERAI PLUS APPEL À L'AGENCE, MÊME SI ON AVAIT TROUVÉ UN GARÇON DE 17 ANS QUI NOUS PLAISAIT BEAUCOUP.

JE CONTINUERAI À L'APPELER DIRECTEMENT... C'EST VRAI QUE SIMON N'EST PAS TRÈS GAI EN CE MOMENT, MAIS J'AI CRU QU'IL ÉTAIT JALOUX DU BÉBÉ.
JE VAIS AUSSI APPELER LE DR JOHANSSEN, ET D'AUTRES PARENTS... ILS SONT CONCERNÉS PAR CE QUE VOUS M'AVEZ DIT.
ET J'APPELLERAI LIZ ET MICHELLE, SANS OUBLIER CATHY MORRIS.
J'AIMERAIS BIEN SAVOIR QUI EST LA FUMEUSE.
MME NEWTON, JE SAIS QUE VOUS VOULEZ APPELER CATHY VOUS-MÊME, À PROPOS DE CET APRÈS-MIDI...
... MAIS ÇA VOUS ENNUIE DE *NOUS* LAISSER PARLER À LIZ ET MICHELLE ?

Chapitre 13

TIENS, QUI VOILÀ. GENRE, LE CLUB DES BÉBÉS.

GENRE, HAHA.
QUOI, VOTRE PETIT CLUB S'EST PLANTÉ ET VOUS VOULEZ VENIR BOSSER POUR NOUS ?

COURS TOUJOURS. ON EST VENUES VOUS PARLER D'UN TRUC IMPORTANT.
ET QU'EST-CE QU'IL Y A DE SI IMPORTANT ?

HIER, CATHY MORRIS A GARDÉ UN PETIT DE TROIS ANS, ET ELLE L'A LAISSÉ SORTIR TOUT SEUL.
ET ALORS ?

ALORS, ON L'A TROUVÉ QUI JOUAIT TOUT SEUL *DANS LA RUE*. ON NE LAISSE PAS UN PETIT DE TROIS ANS DEHORS SANS SURVEILLANCE. N'IMPORTE QUELLE BABY-SITTER SAIT ÇA.
BIEN, ON NE PRENDRA PLUS CATHY.

EN PLUS, ELLE N'AIME PAS FAIRE DU BABY-SITTING.
POUH!

ALORS QUE NOUS, ÇA NOUS PLAÎT GRAVE.
AH OUAIS ? POUR POUVOIR PARLER AU TÉLÉPHONE OU REGARDER LA TÉLÉ TOUTE LA SOIRÉE ?

DIS DONC, ON S'EN OCCUPE, NOUS, DES ENFANTS QU'ON GARDE.
OK, C'EST QUOI, LE GOÛTER PRÉFÉRÉ DE SIMON ?

JE NE L'AI GARDÉ QU'UNE FOIS.
PAIN GRILLÉ AU MIEL ET AU BEURRE DE CACAHUÈTES.

TU CONNAIS LE JEU PRÉFÉRÉ DE CHARLOTTE ?
... LES BARBIES ?

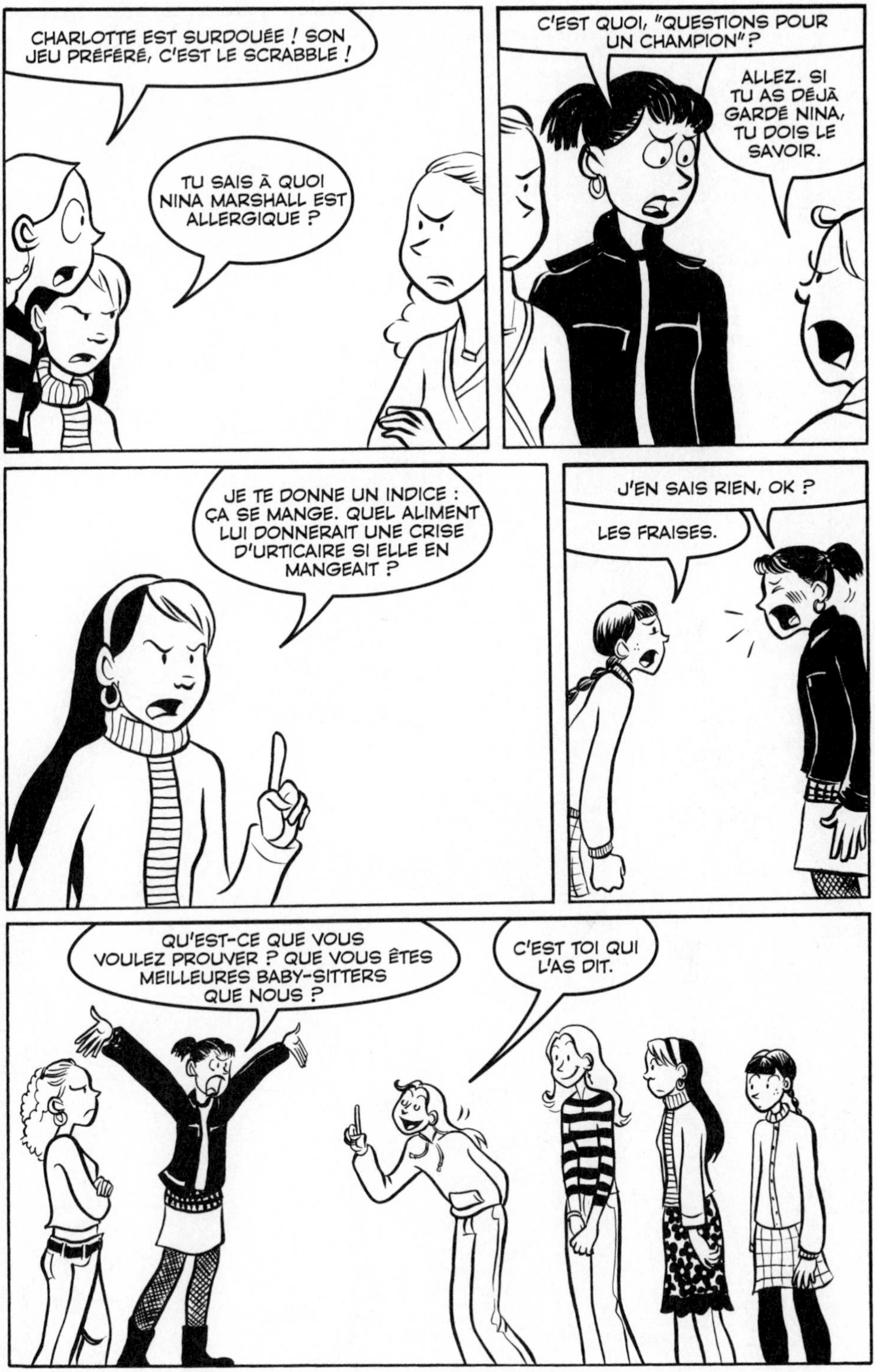

CHARLOTTE EST SURDOUÉE ! SON JEU PRÉFÉRÉ, C'EST LE SCRABBLE !

TU SAIS À QUOI NINA MARSHALL EST ALLERGIQUE ?

C'EST QUOI, "QUESTIONS POUR UN CHAMPION" ?

ALLEZ. SI TU AS DÉJÀ GARDÉ NINA, TU DOIS LE SAVOIR.

JE TE DONNE UN INDICE : ÇA SE MANGE. QUEL ALIMENT LUI DONNERAIT UNE CRISE D'URTICAIRE SI ELLE EN MANGEAIT ?

J'EN SAIS RIEN, OK ?

LES FRAISES.

OK, MAINTENANT QUE VOUS L'AVEZ PROUVÉ, DU VENT, FICHEZ-NOUS LA PAIX.

CET APRÈS-MIDI-LÀ...
SORTIE

ALORS, ON LOGE OÙ, CETTE FOIS ? CHEZ TANTE BEV ET ONCLE LOU, OU CHEZ TANTE CARLA ET ONCLE ERIK ?

NI L'UN NI L'AUTRE.

OH LÀ LÀ. TU VEUX DIRE QU'ON VA À L'HÔTEL ?
NON...

ON LOGE CHEZ LES CUMMINGS. TU VAS REVOIR LAINE !
QUOI ?! LES CUMMINGS ??

ALORS, ILS SAVENT CE QUE J'AI ? VOUS AVEZ FINI PAR LEUR DIRE QUE J'ÉTAIS DIABÉTIQUE ?
OUI, ON A FINI PAR LEUR DIRE.

COMMENT VOUS POUVEZ ME FAIRE ÇA ?! VOUS SAVEZ QUE LAINE ME DÉTESTE. ET QUE JE LA DÉTESTE.
OH, LUCY, ÇA REMONTE À DES MOIS. JE SUIS SÛRE QUE C'EST DE L'HISTOIRE ANCIENNE.

SALUT.

HMPH !

AUTANT QUE TU SACHES QUE TOUT ÇA NE ME PLAÎT PAS PLUS QU'À TOI. JE VOULAIS QU'ON DORME À L'HÔTEL.

LUCY...

VLAN!

CE SOIR-LÀ, J'AI REMARQUÉ QUE LAINE M'OBSERVAIT AVEC ATTENTION.

MAIS IL N'Y AVAIT PAS GRAND-CHOSE À VOIR.

JE NE SAIS PAS À QUOI ELLE S'ATTENDAIT. TOUT LE MONDE S'EST COMPORTÉ NORMALEMENT AVEC MOI.

LE LENDEMAIN MATIN...
CENTRAL PARK WEST
M. ET MME MACDOUGLAS ? LE DR BARNES VOUS RECEVRA DANS QUELQUES MINUTES. LUCY, TU PEUX ME SUIVRE ?
?!

À TOUT À L'HEURE, LUCY.
B2

MAMAN ? PAPA ?

ON PEUT ALLER BOIRE QUELQUE CHOSE ?
OUI, BONNE IDÉE.

... APRÈS, ELLE M'A FAIT PASSER UN TRUC QUI *DEVAIT* ÊTRE UN TEST DE Q.I. ET JE N'AI TOUJOURS PAS VU LE DR BARNES.
IL EST... ENFIN...

ÉCOUTEZ, PAPA ET MAMAN... J'AI RÉFLÉCHI. VOUS AVIEZ RAISON. C'EST IMPORTANT DE COMPRENDRE LE DIABÈTE, ET COMMENT VIVRE AVEC.
JE ME SUIS RENSEIGNÉE.

C'EST VRAI ? C'EST BIEN.
OUAIS, ET JE... J'AI ENTENDU PARLER D'UN MÉDECIN, LE DR GRAHAM.

IL EST SPÉCIALISTE DES MALADIES INFANTILES, EN PARTICULIER DU DIABÈTE.

D'AILLEURS, J'AI RENDEZ-VOUS AVEC LUI AUJOURD'HUI. DISONS QUE C'ÉTAIT UNE SURPRISE.

C'EST DE LA PART DE LA MÈRE DE CHARLOTTE, LE DR JOHANSSEN. VOUS DEVRIEZ LA LIRE TOUT DE SUITE.

QUOI ? CHÉRIE, JE...
LIS-LA.
M. et Mme MacDouglas

LE DR JOHANSSEN EXPLIQUAIT QUE J'ÉTAIS ALLÉE LA VOIR À TITRE CONFIDENTIEL, CE POUR QUOI ELLE N'AVAIT PAS CONTACTÉ MES PARENTS PERSONNELLEMENT.

ELLE LOUAIT LE TRAVAIL DU DR GRAHAM, ET S'EXCUSAIT POUR TOUT INCONVÉNIENT OCCASIONNÉ POUR MES PARENTS.
LUCY, JE NE SAIS PAS TROP QUOI PENSER DE TOUT ÇA.

JE CROYAIS QUE ÇA VOUS FERAIT PLAISIR.
C'EST LE CAS, MAIS... ON NE SAIT RIEN SUR LUI. ON NE CONNAÎT PAS SES TARIFS NI...

J'AURAIS PRÉFÉRÉ QUE TU NOUS EN PARLES AVANT DE PRENDRE UN RENDEZ-VOUS.

TU NE ME PRÉVIENS PAS AVANT DE ME PRENDRE DES RENDEZ-VOUS.
PAS FAUX...
LE DR GRAHAM... SON NOM ME DIT QUELQUE CHOSE.
OUI.

IL A UNE EXCELLENTE RÉPUTATION. MAIS IL EST TRÈS DEMANDÉ, ET PRESQUE IMPOSSIBLE À VOIR. TU AS DE LA CHANCE D'AVOIR EU UN RENDEZ-VOUS.

HEU, C'EST DANS 15 MINUTES... ON FERAIT MIEUX D'Y ALLER SI ON VEUT ÊTRE À L'HEURE.

BONJOUR, TU DOIS ÊTRE LUCY. JE SUIS LE DR PHILIP GRAHAM.
BON-JOUR !
DÉSOLÉE QU'ELLE AIT PRIS CE RENDEZ-VOUS SANS...
PAS DE PROBLÈME. ASSEYEZ-VOUS !

JE NE VAIS PAS EXAMINER LUCY AUJOURD'HUI.... J'AI JUSTE QUELQUES QUESTIONS.
Dr. Graham Philip

QUELQUES ?! IL EN A POSÉ DES TONNES, SUR MA NAISSANCE, MA SANTÉ AVANT QUE LE DIABÈTE SE DÉCLARE, MA NOUVELLE ÉCOLE, MES AMIES.

ON A PARLÉ DES HEURES, ET IL A MÊME RÉUSSI À METTRE MES PARENTS À L'AISE.
EH BIEN... VOUS DEVEZ ÊTRE TRÈS FIERS DE VOTRE FILLE.
OH, OUI, ABSOLUMENT.

D'APRÈS CE QUE VOUS ME DITES, LUCY A ÉTÉ TRÈS MALADE, MAIS SON TRAITEMENT A BEAUCOUP AMÉLIORÉ LES CHOSES.
JE NE VOIS QU'UN SEUL PROBLÈME.
R.GRAHAM
LEQUEL ?!?

BIEN QUE LUCY AIT BIEN VÉCU LE DÉMÉNAGEMENT POUR LE CONNECTICUT, ELLE SEMBLE ENCORE PERTURBÉE PAR SA MALADIE.

ELLE VOUDRAIT ARRIVER À LA MAÎTRISER, MAIS ELLE EN A UN PEU PEUR. EXACT ?
HEU...

C'EST VRAI. CHAQUE FOIS QUE JE COMMENCE À M'Y RETROUVER, ON VA VOIR UN *NOUVEAU* DOCTEUR QUI DIT AUTRE CHOSE.

LE DR JOHANSSEN A DIT QUE LE DR BARNES ALLAIT PEUT-ÊTRE M'ENVOYER VOIR UN PSYCHIATRE, OU ME FAIRE CHANGER D'ÉCOLE.

MAIS JE NE *VEUX PAS* CHANGER ! JE NE VEUX PLUS VOIR DE NOUVEAUX DOCTEURS !

JE DOIS ADMETTRE QU'ON A ÉTÉ UN PEU *SURPRIS* PAR CERTAINS DES TESTS QUE LE DR BARNES VEUT FAIRE PASSER À LUCY LUNDI ET MARDI.
QUE PENSEZ-VOUS DE LA CLINIQUE DU DR BARNES ?

JE CROIS QUE C'EST DU VENT. RIEN DE CE QU'IL FERA NE SERA MAUVAIS POUR LUCY, MAIS JE NE CROIS PAS NON PLUS QUE ÇA SOIT UTILE.
CE QU'IL FAUT À LUCY, C'EST UN PEU DE *STABILITÉ*.
DR.G
ELLE A L'AIR EN EXCELLENTE SANTÉ, COMPTE TENU DE SON ÉTAT D'IL Y A UN AN.
ET ELLE SEMBLE GÉRER PARFAITEMENT SON RÉGIME ET SES PIQÛRES D'INSULINE.
PEUT-ÊTRE... QU'IL EST TEMPS QU'ELLE AIT SON MOT À DIRE SUR LES TRAITEMENTS ?
TU *VEUX* RETOURNER À LA CLINIQUE ?
NON !
MERCI, DR GRAHAM.
DE RIEN ! APPELEZ-MOI SI VOUS AVEZ DES QUESTIONS !

Chapitre 14

AU DÎNER, TOUS LES TROIS, ON A PARLÉ DE TOUT ÇA, SURTOUT DU FAIT QU'ILS N'AVAIENT PAS AIMÉ LE DR BARNES.
PUIS, ON A RETROUVÉ LES CUMMINGS AU CINÉMA.
EXIT
EXI
OH, C'EST PLEIN... ON VA S'ASSEOIR LÀ-BAS. LAINE ET LUCY PEUVENT PRENDRE LES DEUX PLACES, LÀ, AU FOND.
SYMPA DE M'AVOIR DEMANDÉ SI J'EN VOULAIS.
POP CORN

TU N'AS PAS LE DROIT D'EN MANGER, D'ABORD.
J'AI DROIT AU POP-CORN. ET AU COCA LIGHT.
POP CORN
FREEZ

BEN, JE SAVAIS PAS !
SI TU PRENAIS LA PEINE DE ME PARLER DE TEMPS EN TEMPS, TU...
CHUT !!

TU ME PARLES PAS NON PLUS. TU NE M'AS JAMAIS RIEN DIT SUR TA... TA MALADIE.

POURQUOI J'AURAIS ENVIE DE PARLER À QUELQU'UN QUI RETOURNE MES AMIS CONTRE...
CHUUT !!
POP CORN

EXCUSE-MOI, LAINE. JE VAIS ME CHERCHER UN TRUC.

UN PETIT COCA LIGHT ET UN PETIT POP-CORN, SANS BEURRE, S'IL VOUS PLAÎT.
ÇA FERA 9,25$.
Biip
Biip

OH, HEU... J'AVAIS OUBLIÉ QUE C'ÉTAIT AUSSI CHER À NEW YORK...
TIENS.
... MERCI.
LUCY ?
OUAIS ?
JE SUIS DÉSOLÉE.
SINCÈREMENT ?

OUAIS.
MOI AUSSI... J'AURAIS SANS DOUTE DÛ TE DIRE CE QUI N'ALLAIT PAS.

MAIS MES PARENTS NE L'AVAIENT DIT À PERSONNE À PART LA FAMILLE, ALORS... POURQUOI TU AS ARRÊTÉ DE ME PARLER ?

... JE NE SAIS PAS.

EN FAIT, JE PENSE QUE SI. ÇA A L'AIR IDIOT, MAIS JE CROIS QUE J'ÉTAIS JALOUSE.

QUOI ?! JALOUSE DE MOI ? TU VOULAIS ÊTRE MALADE ?!

MAIS NON. MAIS TOUT LE MONDE S'OCCUPAIT DE TOI À L'ÉCOLE...

TOUT LE MONDE TE DEMANDAIT COMMENT ÇA ALLAIT, ON TE LAISSAIT PLUS DE TEMPS POUR TES DEVOIRS...

ET TU MANQUAIS TOUT LE TEMPS L'ÉCOLE...
LAINE, J'AI TELLEMENT MANQUÉ QUE J'AI FAILLI *REDOUBLER*.

C'EST VRAI ? OH ! JE NE SAVAIS PAS ! BON, ENFIN, TU TE SOUVIENS DE BOBBY REEDER ?

IL CROYAIT QUE TU ÉTAIS CONTAGIEUSE, ET JE NE SAIS PAS POURQUOI, JE L'AI CRU. COMME J'ÉTAIS TA MEILLEURE AMIE, J'ÉTAIS SÛRE DE "L'ATTRAPER", CE TRUC.
OH.

QUAND MES PARENTS ONT COMPRIS QU'ON S'ÉTAIT DISPUTÉES, ILS ÉTAIENT FURIEUX CONTRE MOI. ON EN A DISCUTÉ, MAIS JE NE SAVAIS PAS COMMENT M'EXCUSER.

C'EST POUR ÇA QUE JE NE T'AI JAMAIS ÉCRIT APRÈS TON DÉMÉNAGEMENT.
C'EST *VRAI* QUE J'ÉTAIS EN COLÈRE...

MAIS ÇA AURAIT SÛREMENT ÉTÉ PLUS SIMPLE SI JE T'AVAIS DIT LA VÉRITÉ.
Splish!

TU SAIS, JE ME DEMANDE SOUVENT CE QUE DEVIENNENT LES GENS, ICI.
COMME QUI ?

BEN, JE ME RAPPELLE QUE DEBBIE DUNLOP SE VANTAIT QU'ELLE SERAIT LA PREMIÈRE DANS LA CLASSE QUI DEVRAIT CHANGER DE TAILLE DE SOUTIEN-GORGE... ALORS ?
GLOUSSE !

ELLE A GAGNÉ ! ET LE PREMIER JOUR OÙ ELLE A MIS LE NOUVEAU, JOHNSTON LUI A DEMANDÉ DE SORTIR AVEC LUI !
SANS BLAGUE !

LUCY, REGARDE !

LE FILM EST FINI ?! HEU, ON A TOUT RATÉ !
OUAIS !

MAIS ON A BIEN FAIT !

AVEC TOUT CE QU'ON AVAIT À RATTRAPER, LAINE ET MOI, ON A PROFITÉ DU WEEK-END AU MAXIMUM.
1:40

ET QUAND ON S'EST COUCHÉES LE DIMANCHE SOIR, C'ÉTAIT COMME SI ON AVAIT ÔTÉ UN GRAND POIDS DE MA POITRINE.
BONNE NUIT, LAINE.
BONNE NUIT, LUCY.

ET MÊME DEUX POIDS...
ALLÔ, DR BARNES... OUI, JE SUIS DÉSOLÉE, MAIS ON A DÉCIDÉ D'ANNULER LA SUITE DES TESTS DE LUCY.

ET ON EST RENTRÉS À LA MAISON !

DANS L'APRÈS-MIDI...
TU RENTRES TÔT, LUCY ! TOUT VA BIEN, J'ESPÈRE ?!

TRÈS BIEN, MIMI ! CLAUDIA EST EN HAUT ?
BIEN SÛR !

LUCY !!
SALUT, CLAUDIA !

CE QUE TU NOUS AS MANQUÉ ! QUEL WEEK-END DE DINGUES ! J'AI PLEIN DE TRUCS À TE RACONTER...

SIMON ET CHARLOTTE ET LES AUTRES ENFANTS ONT TOUT DIT À LEURS PARENTS. T'AURAIS VU LA TÊTE DE LIZ ET DE MICHELLE AUJOURD'HUI À... OH, ET TON WEEK-END À NEW YORK ?
CHOUETTE. SUPER TOP, MÊME. MAIS RACONTE-MOI CE QUI S'EST PASSÉ !

CE SERAIT MIEUX D'ATTENDRE QUE KRISTY ET MARY ANNE SOIENT LÀ AVANT DE...
DRING !
JE PRENDS !
CLUB DES BABY-SITTERS. BONJOUR, MME NEWTON !
BONJOUR, LUCY !
J'AI UNE RÉUNION DU CLUB DE LECTURE CHEZ MOI VENDREDI APRÈS-MIDI, ET J'AI BESOIN DE QUELQU'UN POUR SURVEILLER LUCY JANE ET JOUER AVEC SIMON PENDANT DEUX HEURES.
JE M'EN CHARGE ! À QUELLE HEURE ?
3H.
ET PUIS, JE VOULAIS AUSSI VOUS DIRE...
J'AI PARLÉ AVEC CATHY MORRIS. JE CROIS QU'ELLE NE S'EST PAS RENDU COMPTE QU'ELLE AVAIT MAL FAIT.
J'AI AUSSI APPELÉ LES JOHANSSEN, LES PIKE, LES GIANMARCO, LES DODSON... VISIBLEMENT, CHARLOTTE ET SIMON N'ÉTAIENT PAS LES SEULS À SE PLAINDRE.
ON TIENT À VOUS REMERCIER POUR AVOIR EU LE COURAGE DE NOUS DIRE CE QUI SE PASSAIT.

♫
Clic

LUCY, TU ES CENSÉE PROPOSER CHAQUE BOULOT QUI SE PRÉSENTE À *TOUS* LES MEMBRES DU CLUB.

DÉSOLÉE... J'AI OUBLIÉ. J'ÉTAIS SUPER EXCITÉE.
... JE SAIS.

PAS GRAVE. JE RÉAGIRAIS PAREIL SI JE DEVAIS GARDER LUCY JANE. ET PUIS... MOI AUSSI, J'AI ENFREINT LA RÈGLE ASSEZ SOUVENT.
LUCY !

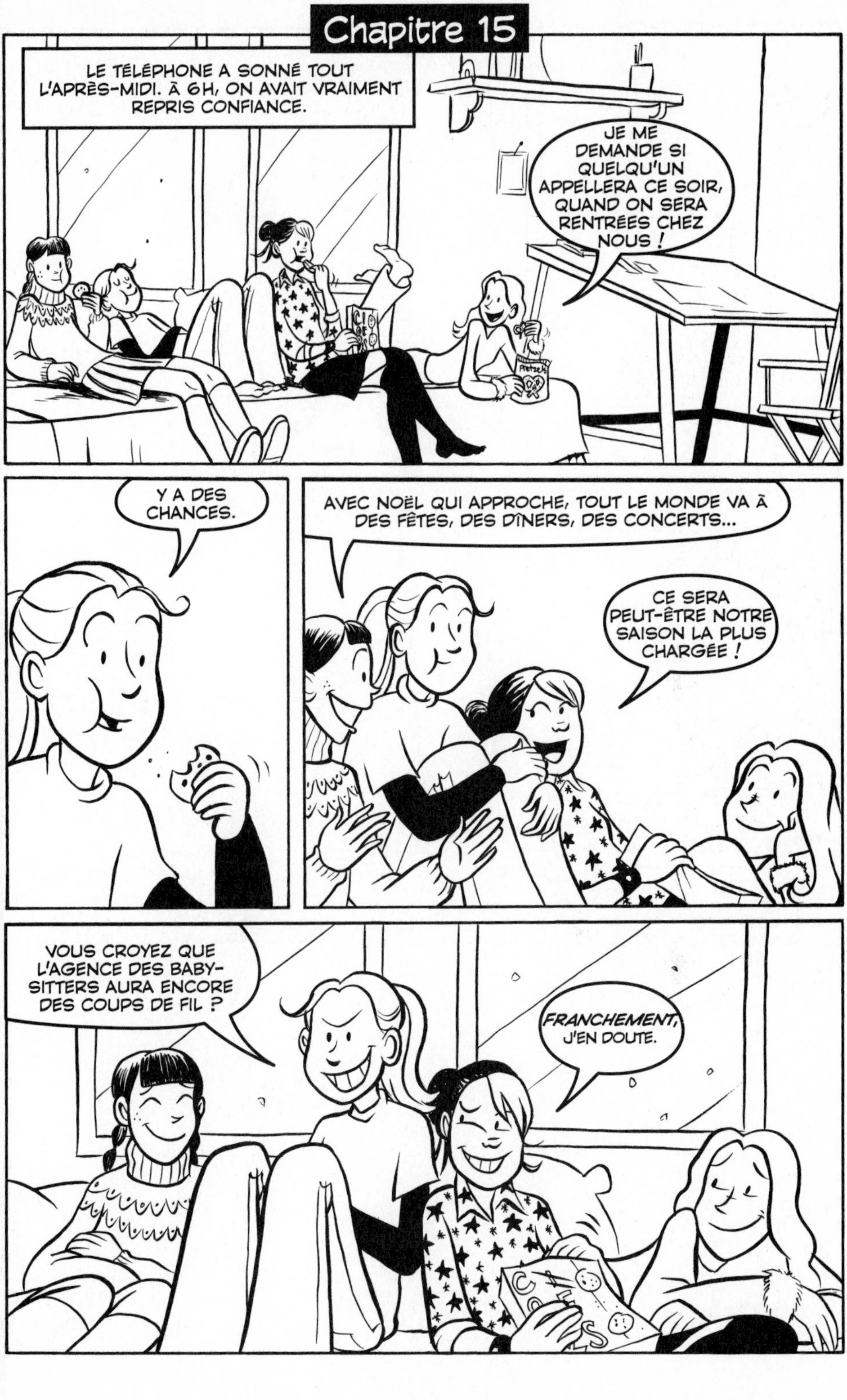

Chapitre 15

LE TÉLÉPHONE A SONNÉ TOUT L'APRÈS-MIDI. À 6H, ON AVAIT VRAIMENT REPRIS CONFIANCE.

JE ME DEMANDE SI QUELQU'UN APPELLERA CE SOIR, QUAND ON SERA RENTRÉES CHEZ NOUS !

Y A DES CHANCES.

AVEC NOËL QUI APPROCHE, TOUT LE MONDE VA À DES FÊTES, DES DÎNERS, DES CONCERTS...

CE SERA PEUT-ÊTRE NOTRE SAISON LA PLUS CHARGÉE !

HÉ, LES FILLES... VOUS ALLEZ AU BAL D'HALLOWEEN VENDREDI ?

NAN.

QU'EST-CE QUE J'IRAIS *FAIRE* À CE TRUC DÉBILE ?

MOI, OUAIS ! TREVOR SANDBOURNE M'A INVITÉE !

C'EST VRAI ? MOI, J'Y VAIS AVEC PETER BLAKE !

ON VA DEVOIR RÉFLÉCHIR À CE QU'ON VA METTRE !

VOUS DEVRIEZ VENIR, TOUTES LES DEUX !! CE SERAIT BIEN PLUS MARRANT !

MARRANT ?! JE NE VOIS PAS CE QUE ÇA A DE ***MARRANT*** !

Épilogue
HUIT JOURS PLUS TARD...
DRING !
ALLÔ ?
LUCY ?
LAINE ! SALUT !
COMMENT ÇA SE PASSE POUR TON CLUB DE BABY-SITTING ? LE WEEK-END DERNIER, TU M'AS PARLÉ D'UNE HISTOIRE D'AGENCE...
ÉCOUTE, TU NE VAS JAMAIS ME CROIRE...
TOUS NOS CLIENTS ONT ARRÊTÉ D'APPELER L'AGENCE PARCE QU'ON NE POUVAIT PAS FAIRE CONFIANCE AUX FILLES ! ET QUAND ON EST ARRIVÉES EN COURS, MARDI...
OUAIS ?

... LIZ ET MICHELLE DISTRIBUAIENT DES PROSPECTUS POUR UN NOUVEAU TRUC !
RELOOKING CO
Pour 5$ seulement !!!
RELOOKING CO. ?

ON PAYE 5$, ET ELLES TE MONTRENT COMMENT TE MAQUILLER, COMMENT TU DEVRAIS ARRANGER TES CHEVEUX...
HEU, NON MERCI.
RELOOKING CO

RELOOKING CO

PERSONNE NE S'EST JETÉ SUR LEUR NOUVEAU PLAN !
HA ! HA !

OH, ET DEVINE QUOI... CHARLOTTE JOHANSSEN, LA PETITE QUI AVAIT DES PROBLÈMES AVEC LES AUTRES ENFANTS...
OUAIS ?

SA MAÎTRESSE VA LA FAIRE PASSER EN CE2 ! LE NIVEAU EST TROP FACILE POUR ELLE EN CE1 !
C'EST POUR ÇA QUE LES AUTRES SE MOQUAIENT D'ELLE !

ELLE EST SUPER EXCITÉE DE DÉMARRER DANS UNE NOUVELLE CLASSE !

WAHOU, C'EST GÉNIAL... J'AIMERAIS BIEN LA CONNAÎTRE... J'AURAIS ENVIE DE CONNAÎTRE *TOUS* TES AMIS, LUCY.

BEN, T'AS QU'À VENIR ME VOIR À STONEBROOK !
TU CROIS ??

OUI ! ET QUAND TU VIENDRAS...

... ON TE NOMMERA
MEMBRE D'HONNEUR DU CLUB
DES BABY-SITTERS !!

JE DÉDIE CE LIVRE À MA VIEILLE COPINE CLAUDIA WERNER
A. M. M.

UN TRÈS GRAND MERCI À MARION VITUS, ADAM GIRARDET, DUANE BALLANGER, LISA JONTÉ, ARTHUR LEVINE, KC WITHERALL, ET HOPE LARSON. ET, COMME TOUJOURS, UN ÉNORME MERCI À MA FAMILLE, À MES AMIS ET, PARTICULIÈREMENT, À DAVE.
R. T.

MISE EN PAGES : IGS
LOI N°49-956 DU 16 JUILLET 1949 SUR LES PUBLICATIONS DESTINÉES À LA JEUNESSE
ISBN : 978-2-07-061365-6
NUMÉRO D'ÉDITION : 150626
NUMÉRO D'IMPRESSION : 107785
IMPRIMÉ EN FRANCE PAR HÉRISSEY
DÉPÔT LÉGAL : AVRIL 2008